理性的注视

督学文存

贾笑纯责任督学工作室 著

U0367339

上海交通大学 出版社
SHANGHAI JIAO TONG UNIVERSITY PRESS

内容提要

本书是深圳市人民政府教育督导室督学们，以资深教育者专业的眼光和"第三方"的身份观察与关注当下教育的文章合集。全书以"看"为主线，分为回眸之顾、蓦然一瞥、睹近思远、理性之瞳四个部分，从教育的过去、现在和未来出发，多角度、多方位对教育教学、减负提质、五项管理、集团办学、特殊教育、班主任作为、幼儿园教育等问题进行审视，既有实践感悟，又有批判杂谈。

本书适合中小学校长、教育管理人员和一线教师阅读。

图书在版编目（CIP）数据

理性的注视：督学文存/贾笑纯责任督学工作室著
. —上海：上海交通大学出版社，2024.3
　ISBN 978 - 7 - 313 - 30255 - 7

Ⅰ. ①理… Ⅱ. ①贾… Ⅲ. ①教育视导－文集　Ⅳ.
①G464 - 53

中国国家版本馆 CIP 数据核字（2024）第 041350 号

理性的注视：督学文存
LIXING DE ZHUSHI：DUXUE WENCUN

著　　者：贾笑纯责任督学工作室
出版发行：上海交通大学出版社　　　　　　　地　　址：上海市番禺路 951 号
邮政编码：200030　　　　　　　　　　　　电　　话：021 - 64071208
印　　制：常熟市文化印刷有限公司　　　　　经　　销：全国新华书店
开　　本：710mm×1000mm　1/16　　　　　印　　张：14
字　　数：188 千字
版　　次：2024 年 3 月第 1 版　　　　　　　印　　次：2024 年 3 月第 1 次印刷
书　　号：ISBN 978 - 7 - 313 - 30255 - 7
定　　价：68.00 元

序

深圳市贾笑纯责任督学工作室是在全国率先创立的督学工作室，于今已是第二期了。《理性的注视：督学文存》这本督学文集，是督学工作室的一些校、园长，将这些年督学实践中的一些感悟汇集起来的。由于这个工作室大多是退了休的教育人，本来就对教育有专业的眼光和自己的看法，现在又以第三者的身份看教育，受到的干扰少了，主观性去了一些，名和利淡了许多，所以对教育的注视，也许会相对真诚和理性。

第一部分有文章谈"深圳的昨天、今天和明天"，也有文章将教育史串讲了一遍，为的是鉴古知今。由于这些文章涉及往事且属"回头看"，就将其归于"回眸之顾"里，因为它们都是对不同时代教育的注视。

本书有些文章是借古讽今。讽是批评之意，它与刺的区别就在于不直指其事，委婉规劝，例如高中语文里的《邹忌讽齐王纳谏》。这些文章从作者主观角度讲如何看人看教育，还有就是讲讲历史故事。其中有些"讽"为的是说些真话。这类文章针砭即时之事，常常即兴而发，又是对所见现象的睥睨藐视，所以都归在第二部分"蓦然一瞥"里。

虽然文集中一些话是嬉笑之言，但作为督学，还是在各个学校里负责工作，认真观察，兢兢业业不敢稍怠的。因为大家知道，面对莘莘学子，教育者担负的使命是不能嬉戏的。于是督学们脚踏实地，做了不少调查研究，写了不少调查报告，指出了不少教育问题，提出了不少教育建议。举凡教育教学问题、减负提质问题、五项管理问题、集团办学问题、特殊教育问题、班主任问题、幼儿园问题等，都有涉及，限于篇幅，不遑一一展开论述。这些问题都是近几年出现的，当然也是近几年人们特别关注的，所以就将它们一股脑儿归入第三部分"睹近思远"，也希望对教育的明天有所裨益。

第四部分是"理性之瞳"。看教育的时间长了，眼光自然也会理性许多。这部分的文章对教育的思考更加全面，分析也更具逻辑性。这个部分主要是督学们的一些论文，有谈教学的，有谈督导的，有谈学校管理的，有谈教育发展的，当然，有些文章还谈了未来。

将这四部分汇集成册，又贯穿了"看"的共同主题，因此书名定为"理性的注视"。既然是工作室督学们的部分文章，副书名就叫"督学文存"，以便大家一看就知道注视的是什么。

深圳市责任督学工作室主持人　贾笑涛

2023 年 2 月 21 日

目　录

回眸之顾

蓦然一瞥

睹近思远

理性之瞳

回眸之顾

深圳教育的昨天、今天与明天

田介成[*]

田介成[*]

本文只是从比较宏观的层面粗略地对深圳教育四十余年的发展作出一些基本判断，碍于数据收集的难度，无法做到准确和精细，但不影响立论的正确性和方向的前瞻性。

第一，深圳教育的过去。

深圳，改革开放之前，只是宝安县的一个镇，虽说曾经是县政府所在地，但"深圳教育"的名牌是无从说起的。若论宝安教育，从历史的角度考量那就长了。宝安县最早设于东晋时期，距今已有一千三百余年。宝安的县名也多有变化，时而称千户所，时而称新安县，时而称宝安县，县治曾设在东莞或深圳南头。19 世纪 50 年代前后，宝安县向南的海角丘陵山地，割让给了英国，到了 19 世纪末，又有更多土地租借给了英国。至此，宝安县的面积少了三分之一，剩下不到 2000 平方千米。1914 年重新恢复宝安县名至 1953 年，县治所在地设在南头。此时宝安县的建制是明确的，隶属于惠阳地区。

1953 年，宝安县政府从南头迁至深圳圩。当时那里连接着一条交通大动脉——广九铁路，交通较南头方便。改革开放后，中央政府于 1980 年正式设立深圳特区，宝安县地域一分为四，分别为宝安县、罗

---

* 田介成，中学物理高级教师，文汇中学原校长和首批深圳市责任督学。

湖区、福田区和南山区，深圳教育起步于此。

深圳教育的过去，从时间跨度来看，以什么标准划分教育的年代，没法统一。因此，我仅从政府重视程度、学校规模数量、师生人数和质量影响等几方面谈谈个人观点。

我认为深圳教育的过去应该从建立特区之初开始算至 21 世纪的 2020 年，共 40 年。这也是深圳特区从初创逐步发展壮大的 40 年。深圳对前 40 年的发展作了全面总结，向全世界宣示：深圳的发展是成功的、深圳的成就是伟大的、深圳的未来是美好的。

那么对于深圳教育的 40 年，我们又该怎样评价呢？我想对此作出全面科学的评价实属难事。本文仅执一词，以见证者的视角谈谈对此的认识。

深圳设市之初教育体量很小，因而是没有高等教育的，也就没有议论的必要。基础教育中纯高中学校一所没有，完全中学 5 所，初级中学 20 来所，小学 100 来所。全市 30 来万人口，仅 5 万多名中小学生。

师资力量也很薄弱。从正规本科院校分配来的教师人数很少，其中还有不少来了的本科生又去了其他各行各业。专科毕业生也不多，一所中学里没有几个教师是达到专科毕业程度的。中等师范或简易师范的毕业生在中学教学是普遍现象。小学里没几个正规的师范毕业生，绝大多数是民办教师。

学校校舍普遍简陋。平房居多，即使有两三层的楼房，也是砖混结构，谈不上功能分配和装修。在最初十几年里，有限的学校房舍还要无奈地挤出一些面积来搞校办企业，增加学校办学经费和提高教职工收入。我 1992 年调入的宝安一所有点名气的学校，校内就办有 4 个工厂，整天机器轰鸣，噪声不断。

当时学校教育教学质量很低。若以考上高等学校的人数为标准，那就没法衡量。一所完全中学的高中毕业生高考率为零或考不上几个的现象是常态。初中毕业生不热衷于读高中，喜欢报考中专学校，因为可以早就业。课堂教学方面，大部分老师用本地方言教学，普通话教学还不是主流。甚至到了20世纪90年代初，我在高三毕业班教学时，学生还主动要求老师教学用粤语。

20世纪90年代的教师家访，家长并不"买账"，他们认为孩子能读完初中、高中已经是破天荒了，即使事先让学生带话，告知老师会去家访，也往往会"吃闭门羹"。有的家长在家也不愿开门，有的即使开了门，也是简单交流几句便了事。

当时深圳正忙于城市建设，政府无暇顾及中小学校的发展。当然，不是说政府不重视教育，政府还是重视教育的，记得当时为了建设一所大学，政府划了一大块地，拨了一年财政收入的近三分之一。所以这种情况下相对摊薄中小学教育的投入也是可以理解的。

20世纪80年代缺教师，学校的门是敞开的，即使没有档案材料，只要拿上专科以上毕业证即可来上班。来深圳教书对外地教师并无多大吸引力，深圳市当时政策上还允许教师将户口留在原地，办理人才市场托管、停薪留职等。

邓小平第二次视察之后，特区发展的方向更加明确，深圳教育的吸引力提升，学校数量、学生人数增长迅速，需要引进的教师人数也在不断增加。可也有几个区不放编制，只招代课教师。有一个区6年时间里没招一个教师，导致学校的大部分教师都是代课教师，当时叫员额教师，以至当时的广东省委领导称这是一本"血泪账"。在一次区关于招调教师的座谈会上，有人对不招调教师提出强烈质疑，区领导表示深圳没户口的学生这么多，没准哪一天，没户口的生源都走了，招的正编教师干什么去？可见当时的领导层中有部分人对深圳的发展并不持乐观态度，或是本位主义在作怪。

香港回归之后，深圳的发展驶入快车道，特别是进入21世纪后，深圳跻身全国"北上广深"之列，经济总量增速与人口规模"双增长"，常住人口接近2 000万，大中小幼学位已满足不了群众的需求，加上政府提出了口号"来了就是深圳人"，解决学位读书，特别是解决义务教育阶段的学位成了政府亟须解决的难题。深圳市各级政府投入大量资金兴建义务教育学校，增加义务教育学位，同时大量增加教师编制，大部分代课教师调入解决了编制，加上 21 世纪头 10 年，兴办了很多民办学校，基本上满足了义务教育学位的需求。

与此同时，高中学位也十分紧张，义务教育阶段初中升高中的比例不足 50%，大量兴建高中学校成为当务之急。当时深圳市政府为应对市区教育用地紧缺的问题，在深圳比较偏远的地区，甚至在深圳之外的地区，集中建设集约式高中校区，提升高中学位数量。

这一时期高等教育也呈现出良好的发展态势。深圳专门划出土地，兴建虚拟大学园，全国二十几所高校在虚拟大学园区开门办学，创办了南方科技大学、北理莫斯科大学、香港中文大学深圳校区、中山大学深圳校区、深圳技术大学等高校，深圳高等教育发展驶入快车道。

以上这些描述是比较粗线条的，但也是真实的。

第二，深圳教育的现在。

深圳的发展速度如此之快，是任何人都没有料到的。当年规划深圳城市发展时，范围仅限于东到罗湖区的罗沙路口，西至上海宾馆。街道主道深南东路 100 多米宽，以为可以满足 100 年使用需求，实际上 10 年都无法满足。规划落后于发展，发展中又重新规划，反复超越，一座城市就这么建设发展起来了。

教育的发展也是一样。截至 2021 年，全市各级各类学校（含幼儿园）2766 所，公办学校（园）1457 所，民办学校 1309 所。各级各类学校在校人数将近 260 万。有高等学校 15 所，在校人数 18 万；普通中小学 818 所，在校人数 170 万；中等职业技工学校 26 所，在校人数 8.6 万；幼儿园 1896 所，在校人数近 60 万；特殊教育学校 10 所，在校人数约 2500。随着在校学生人数的不断增加，各级各类学校教职工人数达 25.2 万。

从数据可以看出，深圳教育从规模小、水平低的农村教育起步，已经发展到可以和大城市的教育规模比肩了。发展速度之快、规模之大，是政府、社会、教育行业事前都没有预料和规划到的。与之相适应的教育规划、教育管理政策、学校管理制度、校长园长选用任免制度、教职工队伍建设、学生管理制度等一系列问题都来得那么突然和迅速，使得深圳教育的发展一时不能与城市发展相适应，问题突出，艰难前行。

深圳教育发展规划滞后于当前迅猛发展态势。40多年前，深圳城市的发展重点只着眼于当时不到400平方千米的特区内，以两三百万人口的规模考虑教育的规模和总量。所以，导致了特区外的大量土地由当地居民修建了低档次的厂房和低矮的所谓农民房。可当城市超乎寻常地发展起来，人口激增超过1 000万、超过2 000万后，关乎民生的教育问题就显得尤为突出：政府、民间有能力建学校，却无地可用；费了九牛二虎之力基本解决了义务教育的困境，高中、职业和特殊教育规划却无法实施。幼儿教育成为不可忽视的需要政府承担责任的教育，且幼教体系落后于城市的民生需求。这是对新兴城市发展未知的摸索，也是建市之初始料未及之处。

深圳教育在学校管理层次上尚有改进空间。谁也没预料到深圳学校增速会这么快，增量会这么大。建市之初没有几所学校，市里管几所、各区管几所。但随着城市发展，教育的管理界限就显现出许多遗留问题。抛开市管大学不论，深圳延续过去的管理模式，形成了市管高中、初中、小学、幼儿园，各区也形成了区管高中、初中、小学和幼儿园，同时市、区两级政府管理体制上也存在分歧。教育事业发展到了今天，这种管理模式易造成各级学校抢生源，许多家长忙择校，也严重影响了教育事业的发展和教育质量的提升，亟须改进和提升。

深圳教育的集团化办学利弊共存。曾几何时，深圳热衷于集团化办学。集团化办学到底是不是好途径？全社会，特别是全教育系统拿不出可信的证据，也没得到过验证。但我个人认为集团化办学至少有四个弊端：

回眸之顾

（1）影响了教育生态。一个地区，各类学校是依据社会、人口、经济发展的需要而存在的。学校规模、教育教学质量都是动态发展的，所谓好学校和"差一点"的学校因评价视角不同都是变化的，就如同大自然的生物不是只具有单一性一样，多样性发展不仅仅体现在生物界，学校发展也是同样道理。

（2）一定程度上违反了学校管理发展规律。一所学校的规模不宜太大也不宜太小。过大过小都不会有优良的质量，这是常识也是规律。一所集团化学校，五六所甚至上十所分校，其中有高中、初中、小学甚至幼儿园，几千甚至上万名学生，集团校长根本顾及不了各分校的所有工作，甚至校长连许多下属主任、教师都不认识，极易出现乱弹琴、瞎指挥现象，各校部领导也不能积极发挥主动性，这样能有教育的高效率和好质量吗？

（3）一定程度上违反了人才培养规律。一所高质量的学校，其优秀学生是靠长期积累的慢教育途径培养出来的。快速、"爆炒"是培养不出优秀人才的。集团化办学，基本上要求各分部都以一种模式、一种方法实施教育教学，即高中、初中、小学甚至幼儿园同形式、同方法教育。忽略教育对象差异、教育客观性和"南橘北枳"的教育现实，绝不是培养各类优秀人才的好途径。

（4）一定程度上加剧了教育的不均衡化。集团化办学，政府的初衷可能是增加优质学位的数量。一个地方由一所所谓的名校牵头，组成集团校，这样优质学位就多了，但这对于非集团化学校而言非常不公平。集团化的高中招生，优先招收本集团校的优秀学生，这就导致非集团化的高中学校招生十分困难，每年不得不花费巨额资金开展招生活动，造成每年招生季竞争激烈、怪招频出，加剧了招生的恶性竞争，一定程度上有违于教育均衡和公平发展的初衷。

此外，深圳中小学校长与教师的培养与招聘也存在一些发展误区。深圳教育经历了从引进外地校长到本地自主培养的发展过程，20世纪90年代开始，学校数量增长迅速，连教师都紧缺，更不用说校长了，因此从外地引进校长成为必然。从全国各地外引的校长带来了各地较为优秀和先进的办学理念和经验，各区学校呈现百花齐放、你追我赶的态势，使深圳的教育迅速迈上了新台阶，也涌现出一批颇有建树的优秀校长。

10年前，不知从哪里刮来一阵风，流行百万年薪外聘校长。一些区为了扩大影响，争相高薪聘请外地校长，教育系统内部非议众多，大大打击了本地校长的积极性。殊不知，当年很多校长也是从外地调进来的，怎么一下子就沦为与这些百万年薪校长相差十倍、水平不高的校长了呢？10年教育实践证明，一些高薪引进的校长师德水平、管理水平、办学水平不一定都很高，有时反而效果不尽如人意。

前三十几年的教师招聘工作一般有这样三种渠道：一是从外地调进优秀教师，二是面向重点师范大学招聘毕业生，三是从代课教师中择优调进。应该说，深圳教育的师资力量是很强大的，教师队伍中人才济济。但不知何时何故，突然转变风向，弃重点师范大学毕业生于不顾，纷纷面向985、211大学招硕士、博士毕业生，特别是要招北大、清华的硕士、博士毕业生来深圳当老师，即使没有教师资格证，也可缓期待考上岗，甚至硕士、博士生教小学、初中也有。这种招聘让人如何理解"术业有专攻"？虽然教育教学上已然显露出弊端，师资队伍不稳定情况也日益严重，可至今却没有相关部门或学校作出相应的总结和解释。这种教师队伍建设形式效果如何，网上非议虽多，我们还需密切观察。

第三，深圳教育的明天。

深圳教育的今天已不是40多年前的弱小和落后，与各地大城市比已具有自己的优势和特点。校园建设全国一流应当之无愧，师资力量强大也是实事求是，设施设备先进与学生视野开阔都为教育事业的发展奠定了良好基础。如果继续深化改革、更新观念、把握机遇、奋发向上，深圳教育会有更美好的未来。

深圳教育对未来应认真定位、科学规划，向世界先进教育奋进。

中国经济的发展十分重视数字经济，数字经济的发展必然触动教育的数字化。未来教育是数字化教育，无论教育目的、教育形式、教育功效都会因之发生翻天覆地的变化。深圳教育面向未来，首先要迎接数字化教育的到来。所以无论是定位和规划，都必须聚焦已经到来的数字化教育。如果深圳的教育还在抓分数，抓升学率，抓校园环境的改造，或热衷于评先评优，则必然会与数字化教育失之交臂。这几年因疫情兴起的线上教学，遭到很多家长和学生诟病，认为没有线下学校的实体教学好。线上教育教学是数字化教育的起点，以后不仅是常态，还会有更广阔的颠覆性前景，不亚于300多年前班级授课制出现伊始时的影响。我可以肯定地认为，作为教学主流的班级授课制终将走到尽头，摈弃它只是时间问题。怎样设想数字化教育的未来？若没有先知先觉，就好比当年使用固话机的时候，你根本想象不到未来的智能手机是今天这个样子。教育是为未来培养人才，不着眼于培养未来人才的教育定位和规划都是错误的。个人认为，深圳教育规划应该由懂教育的行家和科技界专家共同制定，同时要特别重视科学技术专家的意见，科学技术的走向是培养未来社会需求人才的前提。

我希望深圳教育部门能够大刀阔斧地调整学校管理格局，分级管理。例如深圳市级教育行政部门只管高校、高中与职校，将市级管理的义务教育学校和幼儿园坚决地放到区级去管理。民办教育也应该分级管理。分级管理的优劣分析本文不做专门叙述，可以肯定的是利大于弊，更适合数字化教育的到来。

以上为个人浅见，恐贻笑大方，但愿深圳教育的明天更美好、更先进、更辉煌。

我的教师生涯回顾和感悟

田介成

春节期间，我回到了老家湖南省汉寿军山铺镇青峰村，看望了 90 多岁的老父亲，除了陪他聊家常外，也不免回顾了自己一辈子的教育工作情境，有不少感慨和醒悟之处，故记之以备健忘之用。

（1）国之肇始，人之初立。

1949 年 10 月 1 日，毛泽东在天安门城楼上庄严宣告：中华人民共和国中央人民政府成立了！中华人民共和国的成立开辟了中国历史的新纪元。

恰是百废待兴之时，1953 年 3 月，我在湖南省北部一个贫穷的山村——青峰村出生了。幼时的印象经大人反复说讲，形成了依稀的记忆：1954 年夏季，南方的特大洪水将洞庭湖区变成泽国，抢修防洪大堤成为当地群众的紧急任务，大人们迎风冒雨抗洪抢险时，我则躺在父母肩挑的箩筐里酣睡。

大洪水退后的冬天，又遭遇了百年不遇的寒潮，洞庭湖区的所有沟溪江湖万里冰封，冰面上可任意跑跳行走，附近十里八乡的农民全部被动员到湖区修固大堤，独轮车轧在冰面上吱吱作响，我同样被父母放在箩筐里。而箩筐周边传来的热火朝天的吆喝声、加油声、口号声，如鲁迅对诗歌起源于劳动号子的论断一样，成了我最初感受到的音乐旋律，并一辈子给我带来亲切和激动。

中华人民共和国成立至今已走过 70 多年岁月，我也如一叶小舟，在人生的湖面上缓缓前行，有时遇到暴风骤雨，有时遇到和风细雨，成为我人生中一个个句读和断句。

劳苦大众从吃不饱饭、穿不暖衣、住着草棚茅屋、买不到日常用品、无自来水、无生活电、下雨出门一脚泥、走路一双草鞋底的状况，到今天，衣食住行都发生了翻天覆地的变化，这是儿时根本无法想象的，我和同辈们都经历过、看到过、受过苦，也享受到了今天的幸福生活。

在极其艰苦简陋的条件下，我接受了基础教育：几块木板搁在泥块上，是我的课桌；黑白相间的墙壁是我的黑板；当时的小学老师几乎没一个是初中毕了业的。体育器具不仅没使用过，有的连名字都没听说过，譬如现在的跳箱、跳马、单杠、双杠等，连环画上都没见过。羞愧，到了大学才认识它们。

不过，那些艰苦的生活、简陋的条件并没有对我的理想、工作和前途产生多大的影响，现在回想起来，只有感恩。

回想起来，我的童年充满了快乐，少年时满怀着理想，青年时又忘我地投入工作，可以说，一辈子无怨无悔。

（2）从民办教师到小学校长。

我于 1966 年考入汉寿县三中读初一，1971 年 12 月高中毕业于军山铺中学。当年，国家面向应届高中生只招收两种专业的少量大学生，一是外语专业，二是艺术专业，全县只有 30 个名额。我参加了艺术类美术专业的招生考试，政审、面试、体检等竟然都通过了。1972 年春节后，县招生办通知公社，公社通知大队，大队书记告诉我被录取到湖南师范学院艺术系工艺美术专业。我十分高兴，开始做入学准备，行李都放入箱子了，只等书面通知一到便可启程。

全国高校应是 1972 年 3 月 1 日左右入学，可到了 3 月 1 日我还没收到书面入学通知。3 月 5 日，公社联校领导告知大队支书说我没有被录取，安排我到青峰大队学校当民办教师并担任该校负责人，那年我还不满 19 岁。毫无办法，我带着惆怅和不甘开始了教学生涯。

学校只有 5 个班。一、二、三年级各 1 个班，3 个老师各教其一，四、五年级为复式班，安排我来教。学校还有一个一至三年级合成的复式班，设在双门楼队，由另一名老师去教。

为什么刚开始当民办教师就安排我担任学校负责人呢？原因可能有三个：一是其他 4 名教师都是初中生，甚至连初中都没有毕业，而我是高中毕业生；二是我当年在军山铺中学高中时是公认的全面发展的学生，在校时担任公社文艺宣传队队长、学校篮球队队长、学校墙报组组长和班团支部书记；三是如果抛弃"阴谋论"，我好歹也算是差点被录取读大学的"提名奖"人选吧。我很快适应了教学工作，一年多的时间和其他教师共同教出了全公社联校抽考第二名的成绩。1973 年 3 月我被评为全县先进表彰大会的先进个人。同年全国高考招生，我报了名也参了考，可惜张铁生"白卷事件"发生，高考成绩无效。进入推荐阶段，我又因参加工作不满两年，不能参与选拔，于是继续当民办教师。

那时当然不甘心一辈子当民办教师，我企盼有一天考上大学，走出农村。于是在教书之余我有计划地给自己安排知识学习。我从高中班主任邹文芳那里借来了当时十分稀少的《词语解释》抄写学习，几个月的时间抄完了这本书的全部内容，这比看 10 遍书都有用。我还借来高中的数学、物理教科书逐章逐节学习、解题。夏天炎热的夜晚即使蚊虫叮咬也没停止过学习，有时实在忍不了了，就用麻袋套在腿上或双脚浸泡在装满水的水桶里；冬天则搞个火笼放在脚下一边取暖一边看书。两年半的民办教师生涯中除了教学工作和参加生产队的劳动外，我一刻也没有放松文化课的自学，相信终会有参加高考的那天。

1972 年暑假，公社办公室抽我去公社编印"双抢"（抢收抢种）简报，要求一周出一期。我打电话到各个大队了解情况并收集一些典型材料，有时还要跟领导到各个大队现场听取汇报，掌握第一手数据，回公社后再写成文章、刻成蜡版、油印分发到各大队。那时每个生产小队都可以收到一张"双抢"简报，反应很好。被称为"雷大炮"的公社书记对我的工作很满意，第二年暑假仍要我继续做这项工作。我不负众望，这次也得到了公社领导们的充分肯定。因在编写"双抢"简报的同时，时不时还要向县里有关部门汇报"双抢"情况，县广播站由此确定我为军山铺公社的通讯员，还专门给我发了通讯稿纸、信封和邮票，我也时不时有通讯稿在县广播站播出。当时全县有点名气的公社通讯员有三个，蒋建国、杨成杰和我。蒋建国后来成了中宣部副部长和国务院新闻办主任，杨成杰去了湖南财院，成了教授。

1974年五六月间，高等学校又开始招生了，我完全符合基本条件，自然要报名参加推荐与选拔。参加推荐的人比较多，有符合条件的各届高中毕业生、有退伍回乡回厂的军人、有上山下乡的知青，也有学历不及高中的优秀青年。参加推荐先由大队召开座谈会征求群众意见，再由大队签署意见后上报到公社。

公社将各大队上交的名单汇总、审定后再交由公社中学进行文化考查。各公社采取的形式可能不一样，军山铺公社是将审定的人召集到公社中学参加了一次测试，要求写一篇文章，题目是"对一颗红心两手准备的认识"。

公社将审定过的名单参考中学考查意见，将表现好一点的和学历高一点的放在前面，作一个排名，发布排名公榜，再将公榜上的名单报到县招生办。那年我居然排在第一位。

1974年的8月中旬，公社办公室接到县招生办的电话通知，并转到大队告诉我预录取湖南大学半导体专业。接到口头通知，我十分高兴，这学校比1971年录取的那个要好，亲朋好友纷纷道喜。我也做好了9月1日前到大学报到的准备，但毕竟没收到正式通知，还不敢过于张扬。

大约是1974年8月下旬，公社通知我去领录取通知书，这回可是真的了，一大早起来，走了二十几里山路到公社，抬眼天高云淡，远望神清气爽。进了大院，公社里的人却说，派往县里统一领通知书的人还没回来，让我先等等。

左等右等，到了中午，领通知书的人才回来，居然是我高中同学刘建华。当他将通知书的信封给我时，我一看，傻眼了，信封上写的是：湖南常德师范专科学校物理科。

我将通知书给我的中学老师们看，他们都不敢相信，都以为我录取到湖南大学了，怎么变成了常德师专？我去了趟公社，给几个熟悉的领导看，他们也觉得奇怪，怎么变了？公社秘书汤仁宝还专门打电话去县招生办问情况，县招生办说他们没权力，是地委招生办决定的。几位看重我的老师气愤不平，主张我不要去读，来年再考。我心里也十分不满，因为这个学校我根本没听说过，自己也想放弃。

回到家里，我向父母表示出不想去读的意思，却被父亲大骂一通，说好不容易跳出农门，脱了草鞋，穿了皮鞋，知足吧，坚决让我去。无奈之下，9月1号，我便去常德师专报到上学了，成了历史上一批特殊身份的学生——工农兵大学生。

开学典礼上，校长徐福来在讲话中带着满意的神情说："今年我校只招了300个学生，我是地委招生办主持招生的副主任，我将你们这些教过书的单独留给了我们学校，我对你们非常满意。"话音刚落，会场一片嘘声，难怪有许多同学和我一样都表示不满，我们应该去更好的学校，来到了这个师专，原来是您"作的怪"。

（3）从初中教师到教导主任。

转眼毕业，我分配在汉寿城关中学工作。一天，一个行色匆匆的人进学校找田介成，我出来一看，"啊！是师专校长徐福来先生！"他一开口就是："我知道你和饶君剑在这个学校工作，我来看看你们俩。"我和饶君剑都差点惊掉下巴，老校长竟没忘记自己的学生。他笑着对我们说："你们俩的字都写得好，入学前都当过民办教师，是教书的料子"，还指着我，"你还当过小学校长"。

徐福来校长毕业于中山大学，是中华人民共和国成立前就已入党的老共产党员。当过桃源师范校长，创办了常德师专，是湖南有名的教育家。清晨，他会经常到宿舍喊学生起床做操，不让睡懒觉，说今后要当老师，必须严格要求；晚自习时，他时常去巡查，见学生坐得满满当当的，都在晚修，他就笑眯眯的，见有缺席的，威严就来了，要求学生干部查查。

师专毕业，回到了本县。分配预案中我和饶君剑都分配到了县一中，可正式公布时却发现我俩被分配到了城关中学。后来得知，是城关联校校长刘长清先生将我俩要过去的。刘长清校长是我读汉寿三中时的老校长，又是我当民办教师时的军山铺联校校长，对我十分了解。饶君剑与刘校长是同乡，当时小有名气，毕业生中的优等生，老校长要我们俩，谁都阻挡不了，我和饶君剑在城关中学共同工作了6年。

我当过城关中学第8班的班主任，这个班的学生有出息的比较多。目前还没退休的，有保利集团财务总监、全国老年委副主任、上市公司老总……而我教的第9和第10两个班是一届，1979年毕业。这届中考，我教的物理成绩全县第一，平均分比重点中学高出20多分，在当时引起了轰动。重点中学不相信这个成绩，要求将两校试卷重查重核，结果分毫不差，我在全县出了名，记了大功。城关中学第11至14四个班，1980年毕业，我教的物理中考成绩又比重点中学高了10多分，于是，一中校长杨克诚先生记住了城关中学的这个田介成。

由于教学成绩比较突出，1980年7月我被提拔为新城关中学教导主任。之前的城关中学借用的是城关一小的一栋楼办学，1980年9月搬入新址，当时明确了校长，但他因病住院没能到位上班，所以由我这个刚提拔的主任主持工作。

其后我当教导主任兼教两个班的物理，1982年中考，我教的班物理成绩仍比县重点中学的高。这时县一中的杨克诚校长已是县教育局的局长了，他调我去汉寿二中担任副校长，自此结束了我在城关中学6年的教学工作。

（4）从高中教师到中学校长。

1982年7月，我被县委组织部任命为汉寿二中党支部副书记兼副校长，主持教学兼党务工作，还教高一（67）班一个班的物理。工作还没有完全展开，便接到县教育局的通知：9月20日到省教育学院行干班学习。这期行干班学习时间比较长，整整一个学期，总共60人，都是来自全省中学的正、副校长，我是其中最年轻的学员，不满30岁。行干班培训安排的课程很全面，有中国革命史、教育学、心理学、学校管理学、中外教育史等，培训形式有讨论、经验介绍、专家讲座、外出参观考察，还有专题调查。

1982年12月下旬，我加入了专题调查组，前往道县一中开展调查工作。道县，位于湖南省南部，是五岭山脉中的一个山区县，交通不便，比较闭塞。道县这个名字，许多人大概是从红军长征时开的道县会议得知的，亲身去过的并不多。20世纪六七十年代这里发生了一件大事，农村中两派相互械斗残杀，双方死了不少人。事情后来惊动了中央，最后动用部队干预才平息了这次事件。道县一中部分学生因这一事件有着家仇，双方在读书期间时有矛盾发生，这个问题非常敏感。1982年，湖南省教委令湖南省教育科学研究院组织行干班学员成立专题调查组去学校展开调查，我是成员之一。

在道县一中半个月的调查中，我们20多个人走访了各方面人士，特别询问了解了学生学习、生活和相互交往的情况，基本掌握了产生矛盾的根源。后来，形成了一个解决问题的专题报告，上交给了湖南省教委。1983年1月底，我结束了行干班的学习，回到了汉寿二中。

1983年上半年我仍然兼教一个班的物理课，在此期间，总结了以前的教学经验，加上行干班学习获得的知识，特别汲取了当时在全国很有影响的上海育才中学段力佩校长倡导的"读读、议议、讲讲、练练"课堂教学经验，开始试用预习、自学、精讲、精练等步骤的课堂教学法，课堂效率显著提高，因而教学质量一直名列年级前茅。学生李晓彬参加物理竞赛获湖南省一等奖。1984年1月，我担任汉寿二中党支部书记，5月，我被汉寿县委确定为"第三梯队"培养对象。这年下半年兼教高一（74）班物理，运用"六步自学教学法"取得了良好的教学效果。

20 世纪 80 年代中期开始，大家为了拼高考成绩开始花样百出，重点班、复读班、尖子班层出不穷。汉寿二中也跃跃欲试，我坚决反对。至我离开汉寿二中，始终没有分过重点班，坚持平等对待每个学生，不分三六九等，师资力量平均分配，汉寿二中高考质量有口皆碑，也没有影响高一新生的录取。

1986 年 9 月至 1991 年 9 月，我先后考入华中师范大学教育系和湖南师范大学教育学院学习教育学和物理学知识。1991 年 12 月，当我拿到理学学士学位后，看到了深圳市宝安区面向全国招聘骨干教师的信息，从此便开启了我在深圳的教育之途。

（5）从深圳教师到学科组长。

我将应聘材料投给深圳宝安县教育局的时间是 1992 年 1 月。为完成各种调聘程序，至 7 月份我共跑了 7 趟。其间几趟都受到先期调入罗湖教育系统工作的汉寿县教育局原局长龚京鼎先生、初中同学冯伏秋先生热情接待和对调动细节的精心指导，一直心存感激。5 月中旬一趟至为关键，因为要参加面试。

宝安县这年招聘教师，动静很大，在没有确定调干指标前就审核了 2 000 多份档案材料。从正常人事调动程序来看，接受了档案材料，而且档案没有问题，就得调人。宝安县这边却没有这样做。当调干指标最终确定只有 260 名后，引起了很大波动，没有调动成功的人在教育局、县政府大闹了一阵子，后来答应以后继续调，加上当时宝安县不属特区关内，往周边调也无不可，才慢慢平息下来。

这年宝安县调聘教师的面试，准确地说其实是试教。我和妻子张老师被安排到平冈中学当一个星期的班主任和教一个星期的专业课。我在高二年级一个班做一周班主任，教两个班物理；张老师教初三两个班的物理，当一周班主任。教育局组织教研室教研员带一个试教评估组驻在学校，观察每个试教老师卜课，然后作出综合评价，给出名次。客观地讲，没有真本事恐怕很难过这关。我在这年物理老师调入试教名单中排在第一位，我妻子排第二位。宝安县教育局安排工作时，我俩被安排到了宝安中学。

我们持工作派遣单到宝安中学找校长报到时，校长一看，两个都是物理老师，迟疑了一下表示他们只能接收一名物理老师。之后我们马上到宝安县教育局人事科说明情况，科长立刻向局领导汇报。领导表态，让我自己联系学校，我说这里一个熟人都没有，还是请领导联系一下，领导说："我给你打个电话到西乡中学吧，该校还需要物理老师，你自己去一趟，找宋校长。"那是高考放榜的第一天，傍晚我到了西乡中学，校长很忙，要接待老师、学生及家长，根本无暇顾及见我。晚上9点多了，我见校长有了空，就进去跟他汇报情况，他说："沈副局长给我打过电话，说你夫妻俩试教分列一、二名，很优秀。是这样的，田老师，我校确实还需要物理老师，但是首先要的是你，你不来，你太太我们也不要。"我说："校长，我下午已经去宝安中学报到了。"校长说："那不要紧，只要你同意来，你们夫妻俩我都接收，手续我来办，你考虑一下。"校长还说了一堆关于西乡中学如何如何好的话。我考虑了一下，表态："好吧，那请您打个电话给沈副局长，我服从这个安排。"我与宋校长道别时，他紧紧地握住我的手，热情地说："田老师，非常欢迎你们夫妻俩来西乡中学工作，你一定会很开心的。"他远远地送了我一程。一波三折，我们夫妻双双来到了西乡中学。

1992年9月1日起，我在西乡中学担任物理学科组组长、教高二2个班（高二也只有2个班）和高三1个班物理（高三也只有1个理科班）。3个月后，深圳市扩大特区范围，宝安县被撤销，将县一分为二，变成了宝安区和龙岗区。西乡中学校长得到提拔，成了宝安区教育局局长。

1992年9月中旬的一天路过校长室，宋校长赶忙出来喊我。进了校长室，宋校长手上拿着一张大表问我："你在老家那么早就当校长了？那很年轻，比我当校长都早呀，你1984年当，我1986年才当呀。"我不明所以，只有说"是呀"。聊了一会儿我就出来了，大概这次给校长留下了深刻的印象，以至于他当局长后的第二年便安排我去当了校长。

1993 年高考成绩公布，我教的班级高考物理成绩全市排名第八，宝安中学排名第九，一炮打响。这年暑假我回老家前，局长找我谈话，安排我去下面镇中学当校长，松岗、石岩、龙华三个地方选。我和太太一商量，认为偏远，不愿去，便没给局长回话就回了家。恰逢深圳"八五"大爆炸，当时信息不通，8 月 20 日才回到西乡中学高三上课。这学期我仍然主教高三物理，同时兼任初三一个班的教学。这一年的教学压力没上一年大，教学方法还是按自己的一套走，我不会安排学生死做题，更多的是举一反三，精讲精练。1994 年西乡中学高考的物理成绩与名次没变，保持全市第八名，但有一名学生物理成绩很高，考入了清华大学。

（6）从高级教师到中学校长。

这年高考，送完学生进教室后刚准备离开考场，区教育局局长笑眯眯地说："田老师，你的送考任务完成了，有新任务交给你。局里和区里决定派你去担任新建的海滨中学负责人，下学期就要正式开学，现在我带你去现场看看。"车上，局长说新建的海滨中学是区里为民办实事之一，局里开会决定派你去把担子挑起来，这也是负责教育的谢百泉副区长拍的板。他还表态 9 月 1 日要如期举行开学典礼，不能拖延，他要参加开学典礼。到了海滨中学现场，我下车一看，傻眼了，刚刚台风过后，一栋新建的楼孤零零地耸立在泥水中，什么都没有，无围墙、无道路。天还下着小雨，局长和我下车站在稍高的路边，说道："还是这个样子，还有 50 天时间要开学，困难大啊，田校长，你要抓紧啊，好吧，就这样了，任务交给你了，开始工作吧。"我回答了一句"行吧！"就这样，高考后未及喘息，我又开始了海滨中学的开办工作。

局长交代任务后的第二天，我去新学校查看，发现一楼所有的铝合金门窗都没了。因为无人看管，被收检废品的人全部撬走了。临时请示局领导，从西乡中学借用了两个人，一个叫李启焕，负责已经开始的招生及教师招聘工作，进行开学教学准备；另一个叫许武宁，协作开展开学的后勤物资、教室装修工作，做到兵马未动、粮草先行。50多个日日夜夜，我都在新学校忙碌。建围墙、修操场、搞装修、购物资、搞绿化，工作连轴转，而我确实也忘了疲劳，争分夺秒，力争提前，直到8月31日晚上铺完了校园里的最后一块草皮，我终于舒了一口气，可以在9月1日正式开学了。

9月1日清晨，新招的300多名学生、新引进的20多位教师，都早早地来报到了，映入他们眼帘的是一所崭新的学校，大家都被这深圳速度惊呆了。9:00，谢百泉副区长来了，区委组织部部长彭晋行来了，区教育局局长副局长科长们来了，兄弟学校代表来了，部分家长代表也来了，热闹非凡。开学典礼上，大家对学校的如期开办给予了高度评价，我的表现也给各方人士留下了深刻印象。来深圳宝安两年的我，在宝安教育系统算是站稳了脚跟。

1995年，海滨中学取得了很多可喜的成绩，我也评上了中学物理高级教师。学校教师参加区、市各种比赛，总能捧奖而归，学生在各种竞赛中也有优秀的表现。我们坚决反对分重点班、普通班，平等对待每一个学生，视每个教师教学工作可信。一般考试实行"无人监考"，相信学生能够自省自控；晚修教室实行"无人监管"，有问题到教师办公室请教值班老师。《宝安日报》记者季学中听说后，几次暗访学生的晚修情况，获得证实后写了篇报道《这里的晚修静悄悄》。多年后他与我聊起此事，还记得当时的情景和这篇报道的名称内容。

1997年的秋天，因为东方英文书院收费事件，我离开了海滨中学。

（7）在东方英文书院任工作组常务副组长。

20世纪90年代中，南方有三大民办学校：广州英豪学校、珠海华夏学校和深圳东方英文书院。这三所民办学校的在校生规模都在2 000人以上。这些学校是怎么建起来的？基本靠的都是收取学生家庭的所谓"教育储备金"。每个学生家庭向学校交 20 万～30 万元不等，学校则将一部分费用存银行获取利息（当时利息很高，超过 10%），用利息维持每个学生一年的学杂生活费。另一部分用来维护学校校舍和添置设备。在当时的经济条件下学校是可以维持并获取利润的。1995 年开始，国家政策有变，银行调整存款利息，逐步下调利率，这种教育储备金模式经营方式存续的基础受到冲击，学校发生还款困难，便要向在校学生另外收取一定费用。于是家长有了意见，不愿交钱甚至要求退学，退储备金。就如同"多米诺骨牌效应"，广州英豪学校于 1996 年底率先倒闭，1997 年初珠海华夏学校也面临着垮掉的境况，东方英文书院在此背景下岌岌可危。

当时的东方英文书院是三所学校中规模最大的，有将近 3 000 名学生，储备金总量超 5 亿元。书院购买了 13 万平方米土地，并在此土地上建了 11 万平方米校舍，向外投资 6 000 万元，但遭遇亏损，收不回成本。屋漏又逢连日雨，学校还被骗子骗走了 2 000 多万元追不回来。如果发生挤兑储备金事件，学校也必然倒闭。为了不让这所在全国全省都有影响的民办学校垮掉，1997 年 10 月，区委区政府专门成立了"宝安区人民政府驻东方英文书院工作组"。

区政府任命抓教育的副区长刘润华为组长，我为常务副组长，区教育局民管科钟庆祥科长为副组长，由我带领 13 名各系统抽调来的人员进驻东方英文书院，日夜工作在学校。我们在校内外挂起大幅标语"宝安区政府驻东方英文书院工作组欢迎家长垂询"，准备迎接暴风骤雨般的质问。一段时间内，我们工作的办公室里人来人往，有询问学校办学情况的，有了解储备金退还手续的，有打听学校会否停办的，其中不乏言辞激烈、情绪激动的家长。工作组成员耐心解释说明，并向群众表态区委区政府会继续办好这所学校的决心和措施，基本稳住了家长的情绪。原来有相当数量要退学、退储备金的现象也被基本遏制，没有大量发生。与此同时，我们引导学校全面开放教学现场和学生住宿餐饮场所，供家长实地考察参观。经过近半年齐心协力的工作，东方英文书院没有发生大规模挤兑储备金现象，初步稳住了局面。学校1998年五六月份重新开始招生，改为不再收取储备金形式，教学工作转入正常状态。工作组付出的辛勤劳动，受到区委区政府和区教育局的大力赞扬。

东方英文书院工作组在学校驻派了3年多，直至学校被大明石油公司收购，消除了倒闭隐患才撤出，但我只在工作组工作到1998年7月便被区教育局召回了。

（8）调到文汇任中学校长。

文汇中学原名西乡二中，1992年9月1日开办，有初中部和职业高中部，算是一所完全中学，宝安县撤县前属新安镇管辖。

1993年1月，撤县改区，新安镇分为新安街道和西乡街道两个街道办。西乡二中位于新安街道范围内，由区教育局直管，因建校资金赔偿未及时理清，西乡街道仍插手学校工作，每年须招收西乡范围内相当数量的学生，这就造成彼此之间时不时产生一些矛盾，都管又都不管，学校工作难以正常开展。

1998年5月，一场台风，学校南侧围墙倒塌，造成了3人死亡，矛盾激发，6月份又出现黑社会"水房帮"事件，学校60多个学生被牵连，加之7月份中考成绩公榜垫底，学校名誉受损，学校临时负责人民意测评不合格，被就地免职，一时间各方面评价对西乡二中极为不利。

新到任的教育局局长刘迅，认为亟须对西乡二中的领导班子进行调整更换，局领导认为将我从东方英文书院召回，去担任西乡二中的校长较为合适。8月1日，刘迅局长带我去西乡二中，宣布我为西乡二中校长。我便到西乡二中工作去了。

当天晚8点左右，刘迅局长打电话给我，说"你派人将学校楼顶和校门口的'西乡二中'牌子撤掉，明天上午到我办公室来商量新校名"。我和总务主任四处请人，在半夜时分撤掉了这两块校牌，从此，"西乡二中"校名不复存在。

第二天上午在刘迅局长办公室里大家反复商量，最终确定起用"深圳市文汇中学"，后来还请文怀沙老先生题写了校名。区教育局还决定停招职业高一学生，职业高中班办到毕业为止，将文汇中学定为纯初中学校。

2000年前后，文汇中学办学是很艰难的。招收的生源差，属地小学优秀毕业生被区里名气大的学校"虹吸"了。学校学风差，学生上课不听讲，打瞌睡的一大堆，顶撞老师的现象时有发生。教师教得没有信心，中考成绩上不去，比兄弟学校差了一大截。校长、主任、老师、家长以及局领导大家都急。怎样改变这一现状成了我们必须面对的考题。

1998年9月1日开学后，我们首先确立了办学目标：以人为本、以德为先、全面发展、特色鲜明。还为此引进了两个特色项目：跆拳道和民乐。

为了培养学生的组织性和纪律性，结合学生兴趣，学校决定初一、初二学生进行跆拳道训练，每周开设一节跆拳道课，为期两年。外聘李和平团队驻校训练，在此基础上组建学校跆拳道队，参加各级比赛，既锻炼学生的身体素质，又强调了武德教育，更收获了集体和个人荣誉。此外，还邀请韩国世界跆拳道协会会长和运动员来校表演和交流，极大地吸引了学生的注意力。在此基础上，学校慢慢将学生的兴趣转移到文化课的学习上来。到我退休前，跆拳道获得的各类奖牌不下千枚，学校还专门开辟了跆拳道荣誉室，学校师生都引以为傲，成为南方中小学跆拳道荣誉之首，后来深圳市社会上各跆拳道会馆的教练多出自文汇中学。

学校在开展跆拳道活动的基础上，还引进了民乐教师。初一年级全体学生每周开设1节民乐课，为期一年。规定学生必须在几种民乐乐器中任选一到两种参加训练，一年内基本掌握一或两种乐器的演奏，陶冶他们的人文情怀和优雅品质，与强身健体的跆拳道一起，激发和增强他们知识学习的信心。

学校在对学生进行民乐训练的基础上，也组建了校级民乐团。民乐团训练有了一定成效后，广泛参与各种表演和比赛，以获得的奖励来激励学生更加努力地参与训练，形成良性循环，不断提高训练水平。

有了较高的民乐演奏水平，文汇中学组团赴香港、澳门，与当地有名的中乐团学校联袂演出，甚至参与他们的比赛，令港澳高水平中乐团学校刮目相看，他们发出感叹：中乐的根还是在内地。2010 年 4 月，文汇中学民乐团受马来西亚和新加坡中乐团学校的邀请，与他们联合演出，同学们收获的不仅仅是荣誉，还有对国家、民乐甚或中华文化的热爱和崇敬之情，是活生生的爱国主义教育。教学相长，民乐教师尹岳、李靓等人也迅速成长为宝安区教育系统的名师和骨干。跆拳道和民乐团的特色发展成就了许多学生的成长之路。许多学生之后不仅成为跆拳道和民乐的专业人才，也在其他工作中广受裨益。

特色发展改变了学生的学习习惯和态度，为他们学科学习成绩的提高增强了信心，使他们有了获得成功的可能。于是从 2002 年下学期开始，学校引进华东师范大学熊川武教授的"理解教育"课堂教学法，开启了长达 10 年的课堂教学改革。

课堂教学改革之路是艰辛的。熊教授每年多次来到学校指导。为了转变教师教学观念，文汇中学曾将全体共 180 多名教师分 6 批派到江苏、山东等课改做得出色的学校参观学习。当然，高深的教改理念、理论，在实际课堂教学中不一定马上能被老师们理解和运用掌握，开始两三年的时间都在艰难地磨合和探索。抓教学的陈伟明、李光伟、周素华等副校长，抓德育的罗威林、肖跃平等副校长坚定地支持校长的课改决心，刘琼作为坚定的执行者、谋划者，与李传安、杨柳、刘向红、刘朝霞、廖春梅、伍颖、余祖应、魏湘玉、司海军、庄禄房、林立昌、周亮、李前、王正清、肖迅以及各年级长、科组长等，不断研究探究，终于将熊教授的理论变成了教师们可以熟练掌握的"自然分材教学法"。"自然分材教学法"在文汇中学教改中可以十分清晰地表述为四个环节：自学、合作、探究、检测。这个方法产生后，文汇中学的课改才步入康庄大道，活力无穷，才真正地将"教为主"变成了"学为主"。从此，文汇中学的中考质量再也不是师生担忧的事情，课改不仅让学生的成绩获得全面提升，更重要的是，还让从文汇中学走出去的学生收获了终身受益的学习能力和学习习惯。

深圳市的课改走出了特区教育的特色。文汇中学也被评为"深圳市十大课改示范校"之一。

2013年3月，我退休了，终身只为了一个事业：教书。在我41年教书生涯中，在文汇中学工作了15年。这15年是我觉得真正沉下心来做教育实事的15年，问心无愧，也思之无悔。为避免干扰后任校长的工作，退休后我很少回学校。但每每有人告诉我，文汇中学又在分重点班、普通班了，又一天上9节课了，特色也取消了。我虽心中遗憾，但不便多言，故只好沉默以对。但我仍以自己的教育理念为傲。在我当校长期间，眼中的学生是平等的，绝对没有分过重点班、普通班，绝对没有为了单纯的分数延长教学时间，绝对没有为了名利加重教师和学生的工作负担和学习压力。我是这么想也是这么做的。

（9）从责任督学到完满事业。

本以为退休了就可以放飞自我，快乐健康地过好人生最舒适的晚年生活。可是市教育局和教育督导室却抓了我的差，2014年6月，我国推行责任督学工作不久，深圳市人民政府督导室聘请我担任首批市直中学责任督学，一干又是7年。

我的督学责任区是：深圳大学附属中学高中部、初中部，深圳市第二高级中学，深圳市第三高级中学高中部、初中部，深圳市第二外国语学校，深圳市育新学校。这些学校我是A角，贾笑纯校长为B角。贾笑纯校长为A角，我为B角的学校是：深圳市实验教育集团小学部、初中部、中学部、高中部，深圳市科学高中，深圳市元平特校。袁良平督学去世后，一段时间里又增加了几所学校督学任务：深圳市高级中学高中部和初中部、深圳市外国语学校高中部与初中部。

我和荔香学校原校长贾笑纯先生互为这些学校的 A、B 角。从一开始，我俩就共同巡督这些学校，7 年多时间里我俩有对教育的共同理解和看法，有对教育比过去工作时更深刻的认识，还有对中小学教育现状和未来教育的忧虑。

7 年多的时间里，我们参加了赴陕西师范大学、广西师范大学、湖南师范大学、四川师范大学、山东大学等培训班的学习，提高了教育教学理论水平。

7 年多的时间里赴责任督学工作最初试点的地方，如长沙、株洲、郴州等地参观学习，认识到了做好责任督学工作的重要性和迫切性，使我们自身的督导水平得到了提升。

7 年多时间里我们以督学专业人士的身份，参加了市内不少于 50 所以上学校办学水平的评估；全程参与了佛山禅城区所有中小学办学质量评估；连续四年对珠海香洲区义务阶段学校规范与教育质量进行了评估；连续两年对珠海高新区义务教育阶段学校办学质量进行评估。

7 年多时间里两次参加教育援疆工作，远赴新疆喀什，对义务教育阶段的部分中小学校进行教育帮扶，按深圳的办学质量评估标准进行了评估。

参与一系列的评估工作，让我开阔了教育视野，学习了许多学校的优点与长处，提高了办好学校的认识水平，教育的思想、思路、方式、方法的境界得到了提升，甚至涌现出如果再有一次当校长的机会，能将学校办得更好的信心。

感谢 7 年多的责任督学工作，不仅让我提升了对基础教育的认识，洞悉了当前教育系统存在的一些问题，认清了教育未来的发展趋势，完善了自己从事教育事业的经历，同时还让我结识了各地、各校的许多志同道合的教育智者。特别是与贾笑纯先生的友谊，如亲兄弟一般，让我时时感到欣慰和温情。

（10）时代赓续，教育感悟。

70 年弹指一挥间，却随着时代节点波澜起伏。静夜清思，我的人生竟与教育始终并行，自然生出许多感悟。我觉得，作为教育人，我的职业生涯是随着国家农村教育、乡镇教育、城市教育的发展而渐次丰富的。民办教师时尝试过复式班的教学，教过小学的语文、算术、自然课；大学毕业后的几年里当过政治老师、物理老师、历史老师和美术老师，初中物理教学质量几乎教到了汉寿当地的极致，高中物理从高一教到高三，感觉轻松愉悦，并不觉得有多么大的压力和困难。在湖南汉寿担任校长期间还兼任了常德教育学院校长培训班"学校管理学"的授课任务，那是华中师范大学教育系毕业后的专业发挥。

我从小学教到高中，从外地教到深圳，没有感觉到哪里不适应。从小学到重点完中，也都当过校长，到深圳又从普通老师做到中学校长，也没有觉得哪里不适应。一辈子做了一件教书育人的事，今天收获到的体验是：工作是辛苦的、事业是正确的、心情是愉悦的、一生是值得的。

7年多督学工作期间，我与同事如贾笑纯校长、郑秉捷校长、苏子涵校长等目睹深圳教育的现状、广东教育的现状和全国教育的现状，深度交换过各自的见解和看法、深入探讨过国家70多年来教育的变化，拥有许多共同感悟。

我们认为，办学条件的优劣并不完全决定着教育质量的高低和人才的培养。

20世纪50年代的教育，国家谈不上投入足够资金。国家教育的主要任务是扫除文盲，要求青少年读书识字和学会简单的计算。社会上的绝大部分青壮年处于文盲状态，国家发动"扫除文盲运动"，采取多种措施教青壮年识字读书，消除文盲。而20世纪50年代生人，人才辈出，可以说国家强盛进程中第一代功劳者是他们。

20世纪60年代，是学校教育发展动荡的年代，重政治教育，轻文化学习，当时大量青年上山下乡、劳动锻炼，用教育专家的话说，接受的是"不完备教育"，按理说，新中国建设各行各业的成就难以归功于他们。但事实上，国家强盛的进程中，他们作出了无名英雄式的贡献，吃进去的是草，献出来的是奶。对社会、对国家没有怨天尤人，这群人仍然是社会的脊梁、最肯奉献的公民。

20 世纪 70 年代开始高考制度改革，采取"群众推荐、学校选拔、组织批准"的形式少量招收大学生。无疑，这批人大多是那个时代的优秀青年。现在各行各业的舞台上，这代人还在发挥着巨大作用，这代人的忍辱负重、低调实干，是群体的形象。

20 世纪 70 年代后期高校实行按文化考试分数作为唯一录取的标准进行高校招生，也叫"恢复高考"。

如果对新中国成立以后的高考制度有所了解就知道，20 世纪 50 年代的高考制度不完全是看分数录取的，每年都会将并未在中学学习的优秀青年送到高校去学习，数量还相当大。文化要求也不高，高考题目也简单，社会也不十分强调大学生毕业就有多大的优势。

20 世纪 60 年代高校录取新生，十分重视"又红又专"。文化考试分数高的不一定进得了高校，或是重点高校；文化考试分数低的不一定进不了高校，甚至重点高校。当时很看重现实表现和综合素质，中学组织在毕业生登记表上签署的鉴定意见，可能直接影响你的去向。高中毕业生中最优秀的一批人可能早已被领导、组织部门安排成为"省培""地培""县培"对象，当基层干部去了。

"恢复高考制度"以来，我们这代人算是全程的执教者、实践者和管理者。

40 多年了，这种制度深刻地影响了几代人。说它好，可以讲上几十上百条；说它不好，也一样可以说上几十上百条。

通过拼命做题，做陈旧、过时、伤身的习题，获得书本知识的分数，录取到高校读几年书，是不是人才？恐怕没这么简单。分数只是知识复制的标识，不能等同于智育，更不能代表聪明才智。

德智体美劳全面发展的人才是社会，特别是未来社会所需要的人才。

在一次责任督学专项巡督学生视力情况时，我和贾校长走进高三一个文科班，全班 55 人，戴眼镜的近视人数达 53 人，当时，我俩的心都是凉凉的，这么高的近视率，国家怎么选拔健康人才？当兵卫国的、战斗飞行的、宇航飞天的人，从哪里来？

时下，一些地方政府还热衷于搞学校集团化办学，心理学实验告诉我们，人的同时注意不会超过 12 个，但集团校偏偏要学校越多越好，越大越好。我个人认为这不利于教育的健康发展。

此外，各地热情高涨地开展评选各种各样的"名师"，我认为，名师应是自己在教育教学多年实际工作中自然形成的，课教好了，学生评价高了，同行高度认可了，社会有了知名度，便自然是名师。而不能是教育局评选甚或指定的。这种导向是有问题的。

依我的经验看，现行的教师职称制度对教师队伍建设是十分不利的。我认为，教师工资待遇的确定应该就凭两条：从教年限和教学岗位。

我们可以建立一套简单而实用的称谓系统：大中小幼的从教人员都称"老师"，而小学老师特定称为"教员"，中学老师称为"教师"，大学老师称为"助教""讲师""副教授"和"教授"。从长远来说，要法定这些称谓才更科学。

其余如班主任问题、学生学习时长问题、考核考试与社会结合的问题，凡此种种，在其他文章、调查报告、建议中都有专篇，也是我几十年对教育的"爱恨情结"。而正是这不舍的教书情结，难忘的教学经历，既使今日青丝变为白发，生命进入古稀，但如能重启人生，我仍将坚定地选择：教书！

关于教育神圣之浅见

贾笑纯[*]

一、智慧之光

有一种感觉，是人类自古以来就不曾泯灭的，那就是对未知油然而起的神圣崇拜。先祖们曾经将火视以为神圣，那时燧人氏在自然之火旁边沉思，但无论如何思考也无法得知这火是怎么回事。当时森林里常升腾起一些无名之火，有时随着空中那一声霹雳而来，山火便由青烟而转为嫣红。燧人氏想：这必是神圣的天火。岂知这一想不期然地暗合了欧洲古老的神话传说，那些生活在爱琴海边的人们，也将火视为自天而降，并且创作出一个普罗米修斯的故事，讲述他如何牺牲自我而为天下盗来圣火，使得坐在火边扪虱烤肉之人闻此不由不生出神圣的情绪。

但是燧人氏沉思之余手却没闲，他在火旁不经意地击打着身边的石块。需要交代的是那时他住的地方满是黄褐色的圆石，一些破碎的石头断口坚硬，呈贝壳的形状，击打之间竟也产生了火的气味和火的闪光，及至他终于用石块敲出一堆熊熊之火。不知那时，他对这天火的神圣会不会感到一丝虚妄？

---

* 贾笑纯，深圳市责任督学，南山区荔香学校原党支部书记、校长。

其实今天我们知道，那黄褐色的圆石就是后人所说的燧石，主要成分是二氧化硅，属于地球物质中占70%左右的硅酸盐中的一部分。此类物质质地坚硬，除了取火之外，工业上多用做研磨材料，并没有太多的神奇之处。我上大学时曾去陕西咸阳的一家工厂实习，在研磨车间见过类似的东西，不过已不多用。真正在球磨机中翻滚研磨的是氧化铝，那是一种纯净的铝矾土，俗称刚玉。师傅说如果掺以不同的杂质，它便可以成为红宝石、蓝宝石，其硬度应该为7。

话说远了，还是拉回亘古时期。燧人氏除了击石取火，更发明了钻木取火的法子，这后一项功绩为后人所流传，所以现在小学课本上还画着一个光着膀子的汉子，坐在地上钻木头。虽然燧人氏对火的神圣产生了一丝虚妄的感觉，但是火毕竟带来了人类文明，人类文明也便崇拜于火。无论是黄皮肤的燧人氏传人，还是白皮肤的普罗米修斯的后裔，他们都在用人类文明构筑火的神圣，同时还以类同的方式将许多神圣归之于火，比方太阳、光明、黑暗中的北斗星，甚至点亮人们心灵愚昧的智慧之光——教育。

教育最初是很平常的事，还不如火那样神圣。自人类繁衍以来，教育就随之存在。比方教其觅食、取火、狩猎、活命，这是当时人类生活的主要方式，再自然不过，可以说是联合国教科文组织提出的"四个学会"之"学会生存"的初版，也可称为自然教育。自然教育当然没有类似如今教育部颁布的教学大纲，所以教学也就随意。比方，100万年前，原始人群中有几个小家伙，醒来肚饿，其父兄辈便带他们去觅食，或有野兔，便教他们手舞棍棒，一阵追打；或有野鼠，便教他们飞石如矢，百步穿杨。滚石擂木，顺手而已，并不像步兵操典或学生守则规定得那么死板，所以这些家伙学习起来也没有如今高考的压力，家长教起来，也没有将来就业的担心。大家生下来，便一律平等，从没有人去炫耀学历、攀比职称，因此自然没有人为此而得癔病或发神经。总之，因这自然的教育并不神圣，所以学风淳朴，民风祥和。

二、圣人无言

教育被人们视为神圣，在中国，据说有四万年以上的历史。那时我们淳朴的人类发展为新人，形成母系氏族公社制度。可能像《红楼梦》中的荣国府吧。贾母颤巍巍地坐在中间，子侄儿孙、姑娘媳妇、太太姨妈、佣人丫环、牵马的小厮、看门的焦大，都在这位老妈妈的领导之下。当然，那时候婚姻也不像现在那么神圣，自然得很。男女青年好了，不用像外国人那样去教堂，争取上帝的许可；也不用去民政部门领证书，附加体检、公证和婚前教育的流程。

人们常说窥一斑而知全豹。以母系氏族社会淡化的婚前教育来看，当时的其他教育也不如现在那么神圣。因为德智体美劳要全面发展，德育要为首，婚前教育又多半隶属德育，少部分是生理卫生知识。为首的教育还这样不甚神圣，遑论其他。

据说母系氏族公社最繁荣，也就是文化教育最发达的时期是以黄河流域的仰韶、马家窑、大汶口、青莲岗为标志。那时候已经有成百上千人的大"聚落"形成"现代化"的氏族社会，当然，成百上千人都是"草民"，是芸芸众生的凡人。"与民教化"的神圣教育事业还需圣人为之。于是有神农氏出，教民稼穑。春天来了，可以种稻、种粟、种白菜和芥菜，收获以后大小米搅到一起煮，现在北方一些地区称为二米饭。白菜可以醋熘，芥菜可以腌渍，神农氏第一件事就教得万民胃口大开，并以此促进了农林牧副渔的全面发展。

神农氏是上古的圣人，写过什么著作或教民以什么语录，都年久失传，无迹可考了，所以无言可立，唯有残存在半坡遗址的几件陶器上的记事符号，也不知是何人所为，但总算是后来象形文字的雏形。

南方有嘉木，经冬犹绿林。那绿林之中，当时尚无响马，劫道取命之徒多是些狼虫虎豹、蛇蝎猛兽，人民往往于熟睡之间便生灵涂炭。于是有巢氏出，构木为巢，把房子盖到了树上，这样不仅能避风雨猛兽，更可以一览山川美色。这种高层建筑，确实可以作为今天现代化大都市的缩影。

有巢氏是否立了圣人之言，以泽后世，今天更无从考证。但人类建筑事业却发展迅猛，从茅茨土阶到雕梁画栋，以至今天水泥如海，高楼如林，不可谓不是后人承圣人之教也。只不过于有巢氏而言，所立的是无言之教罢了。

还有一位圣人叫伏羲氏，他教民以驯养牲畜，结网捕鱼，和前面诸圣一样，基本是以身立言，所以大家尊他们为"三皇"。但三皇到底是燧人、伏羲和神农，还是燧人、有巢、伏羲呢？年代太陈，已经分不清了。我所知道的是由此生民得以教化，社会得以前进。一眨眼，老祖母退了位，黄河与江淮地区竟率先步入了父系氏族公社时期。

三、"先师乃巫"

教育自圣人之后，多为常人据之。居今约 5 000 年前，龙山文化、齐家文化以及良渚文化发达起来。那时候，石器磨得像刀一样锋利，我们的祖先黄帝肩扛木耒，招呼大家下地。睹物思情，不由人不想起 20 世纪六七十年代在陕西耀州下乡插队。那里离轩辕氏所在的黄陵县乔山不远，因而民风相袭，每天早上，天尚未亮，门前一口大钟便当当响起，耳边一声炸雷："上工咧！队长呐喊哩！"我们便蜂拥而上，一起向地头走去。后来我到黄陵拜谒，见石碑上刻"人文初祖"四个大字，才深刻体会到生产斗争的长期性和复杂性。说生产斗争的长期性，那是因人类绵延的时代太长而言。说其复杂性，那是因为这门知识的传递，其间夹杂了许多神秘。那时人们早已产生了灵魂观念，相信灵魂世界，他们迷信鬼神也崇拜祖先，因此占卜术非常流行。当时，装神弄鬼、妄测吉凶、断人祸福、判人生死的，都是些文化人、教师或统称为知识分子。他们取龟背、箸草，口含硫磺喷火，嘴里念念有词，手之舞之，足之蹈之，一番折腾之后，才去传授生产技术。搞得比老祖母在世时的教育复杂得多，所以也就变了味，神圣且神秘，但是不知所云。

这一时期的教育照以前来讲算是转了型，从自然教育转成了社会教育，而这些转型期的先师们竟都是巫。说到这里，确实有些大不敬的感觉。"先师乃巫"，我们这些后来的教育者也太没面子了。说到教育神圣，教师高尚，能置换成装神弄鬼的神圣，以巫教人高尚吗？

以巫师教之，则使这一社会形式的人际关系复杂了，除了知道母亲姨娘，也明确了父子关系。婚姻限制更严了。道德规范，风俗习惯逐步走向文明。文化也更发达，歌谣、谚语、故事、神话、游戏、舞蹈、雕刻都发展起来。后人秉先师由也就是巫的遗教，将上述种种逐一发展成为诗歌、小说、戏曲、美术、电视广告和各类标语，成绩斐然。大学里讲文学史时，便有了文化起源的游戏说、神话说以及"傩"——一种驱鬼的巫事——这样的戏曲说。

虽然"先师乃巫"之说给我们后为人师者一种尴尬，似乎使教育神圣的大厦建在了沙滩上，令我们感觉到了精神的虚妄和思路的轰毁，但是自然的教育却阔步向前，因为融于生产劳动中的教育生命力极强。它以教育的原生形态永远与生产劳动共生共存，共同成长。也正是从这个时期开始，社会的教育和自然的教育便开始了它们长达五千余年的融合与分野。当我们站在祖宗身后谈教育的时候，当我们把着儿子或女儿的手教其穿衣、系扣、脱鞋、摘帽时，那是一种自然的、淳朴的教育。及至上了小学，进了中学，为高考要弄清语文、历史、政治那些所谓的标准答案，强求在掌握知识之外，还要掌握那些除了考试毫无半点用处的东西时，这时的教育就体现了巫的原形，成为区别自然教育的社会教育之一种。

四、朝闻夕死（一）

自黄帝以降，人类被教育得越来越聪明了。至商朝，便出了个教育家伊尹，传说他是个弃婴，因家乡发水，被置于树洞之中。后来成汤为灭夏求师，便找到伊尹，跟着他学了不少知识。《尚书》说："成汤既受命，时则有若伊尹，格于皇天。"格是推究天理，巫之所为，说明伊尹确为成汤之师。

武王伐纣灭商时，周公也是一位教育家。据说他非常敬德保民，重视草民教育，很像武训那些一心要办义学的善人。

但是这些名人硕师离今天也确实太远了。能在这里说的可追溯到两千五百多年前。那时候，华夏之间除了政界和军界有较为激烈的争斗之外，教育的圣火下还有很浓郁的民主与自由之风。百花齐放，百家争鸣，大辩论，大鸣大放，搅得三教九流，诸子百家没一个闲着。虽说派系明显，但也能相互学习。因为在民主与自由的大旗下，教育算得上是神圣的事业。那时候，东海之滨已经很开化了，教育"好迩而训于礼"，意思是注重实践和社会伦理。但仍有一位黑髯汉子，鲁人，不满足于已有的教育成绩，适周将问礼。此时周朝早在政治和军事斗争中疲弱不堪，仅为弹丸之地了。周天子下达政令，范围所及仅相当于洛阳那样一个地级市。以中国之大，这点地方小得实在可怜。可是即便这样，四海之内它也仍为首善之都，是中华民族自傲于世界之林的礼仪之都，因而教育事业尤为发达，周边诸侯国皆奉之为神圣。可以想见，教育大家一定不乏其中。例如一个陈国人，生于楚苦县曲仁里，姓老或姓李搞不太清楚，后人尊其为老子。他那时供职周王室藏书室，相当于现在的中央图书馆，应该评上了高级馆员的职称，约略等同于一级教授。老先生平日里除做好史册典籍的编目保管这些本职工作之外，业余时间便开馆授徒，讲述些人理和物理，一如现在的"炒更"（粤语：兼职）做家教。那位鲁人一路舟车劳顿，适周见老子，并自报了家门，老子才恍然大悟道："你就是人们常说的孔丘啊，是个教育家嘛。难怪一见你就感受到了'子之骄气与多欲，态色与淫志'，觉着自己搞了教育，特神圣、特崇高，是吧？其实你傻啊，看人家商人，'良贾深藏若虚'；还有领导，'君子盛德，容貌若愚'，聪明全搁在心里，这叫有心计和城府。你来问礼，可你又说'朝闻道，夕死可矣'，那叫我怎么说与你呢，真说了不是害命吗？再听听一见面时你说的那些话，一半都是巫师讲的，这些人全死了——'其人与骨皆已朽矣'。我说，把教育家自命不凡的架子放下来，该干嘛干嘛，这就是我讲给你听的礼，若是而已。"孔子拜辞出来，上了牛车，回家时沉思了一路。见到自己的学生，什么都讲不出来，只好搬出巫的一套，说："鸟，吾知其能飞；鱼，吾知其能游；兽，吾知其能走。……至于龙，吾不能知其乘风云而上天。那老子犹如龙一样，实在不可知。"这一番话直说得座下弟子面面相觑，不禁对这位尊师的神圣地位产生了怀疑。觉得什么都不知道，什么都讲不出来，那这趟问礼之行岂不成了公款旅游？

孔子未能闻道，因而也不用速死。但其所代表的教育的神圣却虚妄起来。当时众多弟子的感觉是明显的，可是到了今天，人们却早已将其淡忘。近来，以教育之名出国问礼的风气大盛。办出国手续的时候，面孔上都露出一股"朝闻道，夕死可矣"的刚性，同时还有一种隐于内心朝不保夕的焦迫之情。因为年且六十，再不出去，黑髯将变白须，公款也将成私费。即便是总角青丝稚嫩如小学初中生者，也纷纷与父母一道，适欧洲各国，适美国，适新加坡，适澳大利亚去问礼。甚至中国香港，问礼者也络绎不绝。因为那里经济发达，市场繁荣，去了便可体会老子所言的"良贾深藏若虚，君子盛德，容貌若愚"的深意。至于回来之后，面对弟子同事，无非一个不讲，其又能奈我何？不能朝闻夕死，是属阳寿未尽，算不得羞耻之事。公款旅游，大家如此，早已约定俗成。至于一定要回来交待，万般搪塞不过去的时候，也可以拿起巫的一套，说外面花花世界，人如乘风云而上天，不可知也。

五、朝闻夕死（二）

其实认真想一想，自古以来，视教育为神圣的仅为一小撮人，大多数人并不真买教育神圣这笔账，即使口中戚戚，言外也是可以透露出投机家的味道。

比方那个陈国人老子，学问不可谓不大，道德不可谓不高，算得上国内外知名教育家。平时前去闻道者自然很多，但是忽一日周朝内部官员们争斗起来，道便斯文扫地，教育礼崩乐坏，教育家也无枝可依。那年周景王死后，王子朝起兵争夺王位，打了败仗后便席卷了周藏书室的史册典籍，胁迫了百工之人一起逃往楚国，剩下老子孑然一身，老迈多病，守着空室无书可管，于是只好下岗。老先生如活在今天，至少是一个博导，弄不好还可位列两院院士，但于今却是下岗，岂不令视教育为神圣者扼腕？想起现如今有某博士下岗，又有某博士应聘小学教职落榜，舆论便炒作得沸沸扬扬。古今相比，今人真是多事。

那老子闲置家中多日，看看粮已不多，生活怕是要艰难起来，便私忖要寻条生路。算来西去函谷逾百里之遥，入关便是八百里秦川，那里南依秦岭，北临渭塬，有渭河、沣河、浐河、灞河流过，气候适宜，农田多为水浇地，一年两收，物产丰富，教私学混碗饭吃该不成问题，于是便骑青牛西去。

那时求学与求道表面上是一回事，其实底下区别大了。闻道是为了得文凭，并非真喜欢它，就如今天一些领导，居官久了，也想再去学校镀镀金，得一纸文凭，也为升官晋爵增加筹码。因而，闻道是捞学分的手段，混一个毕业证才是真。古人曾说文以载道，是轻文重道的做法。说是视文为舟车，为工具；道是精髓，是内涵。而今人则反其道而行，变成道以载文，以道为梯子，为台阶；视文凭为理想，为目的——故而"朝闻道，夕死可矣"之士鲜有。

话说函谷关令尹喜就是那种道以载文的投机家。他想得一学历，却并不将道视为神圣，因而毫无尊师重道的心情。这一日，他在城楼之上正观山景，远远见洛阳方向来了一骑青牛之人。手搭凉棚细望，认得来人正是老子，不由大喜道：天助我这回拿一个博士文凭。便令兵士出关，将老子押上关来。尹喜问：你就是老子？答：正是。又问：你留下来带我的博士课程如何？答：我还要去南山。尹喜便不高兴，道：子将隐矣，强为我著书。老子无奈，只好说：我实在是非走不可的，这两天我先写了一本教案与你看，看明白了也可以成为函授博士，而我是非走不可的。尹喜无奈，便令兵士将老子"双规"，直到他交出了十几页稿纸，足足五千言的文章后，才勉强放人。

如王子朝及关令尹者流，将教育视为敝屣，取之则来，挥之即去，取来无非得一张文凭，挥去则是有碍于功名，表面上却一律扎出个闻道之势。比如王子朝，将周朝的书籍带到楚，不期然中原文化得以流播，使得楚地文风大盛。管子说：楚国之教，巧文以利。楚的礼乐文章越来越好了，可惜只是取用而不闻道。所以数百年后，秦将白起勒兵破郢，楚地亡国亡家，只留下一本楚辞，和着编钟余韵，滔滔江水，长流不息。那些个不闻道者虽未能速死，也都成了亡国奴，未必比死好受多少。而闻道的是一位为皇族讲学的老师，官拜三闾大夫，他是因道之不用，才经江、沅而至汨罗，又与渔父话不投机，投江死了。说来虽不是朝闻夕死，但因为最终没有苟活，所以千古传诵。

王子朝为政，关令尹为军，政界军界态度都是如此，教育界便无处可以容身。所以司马迁在《史记》中为老子做传，最后竟说"莫知其所终"，大概这便是教育无处容身的隐语。至于《庄子》《列子》《左传》《礼记》等书，或说他居住在沛国，或说他晚年回了老家陈国，还有说他最后死于秦。虽说也不是朝闻夕死，但还是留下清名为后人唏嘘。

六、朝闻夕死（三）

老子之后，官学废弛。典籍流散，大家便转而办私学，情形颇似这一阵时兴的民办、私立以及贵族学校。其间名教师、名校长也不少。例如前文提到的那个黑髯汉子孔丘，办的私校规模还真不小，多的时候有三千多"本科生"，七十多个"硕士、博士生"。孔子其人少孤，出身贫寒，因而常对人说：我少年微贱，所以能做许多下等事。这话后面一层意思就是：我现在干的事可高尚多了，因为搞了神圣的教育。我曾为此引发过遐思，叹这世界之上，贫而有智者多贪，贫而有胆者多盗。例如2000年被执行死刑的贪官胡长清，少时家贫如洗，及至凭聪明才智，贵为一省大员，便见钱眼开，放肆贪婪。胡长清小时用功，学习刻苦，不能说没有闻道；但闻道之后做官，做官之后搜刮民脂民膏，竟被拿住在公堂之上，最终命丧黄泉，这真是对朝闻夕死的讽刺。又有，前不久，国人一片恐慌，说是某地有人杀了人，抢了银行，为首的是一名唤做张君的汉子。此人少年微贱，出身贫寒，但是贫而有胆，便杀人越货，无恶不作，做出了惊天大案，被逮了个正着，一绳捆住，也是"哐"地一枪。此人从未闻道，故只能算是朝抢夕死。

孔子虽然少贫，闻道之后没怎么当官（诛少正卯事权且为贤者讳），搞了教育便有别于胡长清或张君之流了，因为教育本身便是修己正人之道。搞教育的人，谋道不谋食，忧道不忧贫，虽也希冀过好日子。富与贵是人之所欲也，但是不以其道得之，不处也。有此境界，怎么会去贪去抢呢？朝闻道，夕死可矣，是孔子说的话，虽说他最终活了七十余岁，并不算夕死，但这种决心确实令人感动。人最宝贵的是生命，生命对于每个人只有一回，把这一回生命奉献给了神圣的教育事业，岂非感天动地？

孔子因为神圣的教育而成名，大家便把他看成得道的先驱。这样一来，攀附者纷至沓来，无论古人今人，都以闻其教诲为风雅，使得老夫子生前死后竟遭遇了两种尴尬。

先是鲁国三桓分公室，季氏专权，还迷恋歌妓舞女，孔子嫌闹腾得厉害，便带了些学生出国散散心，据史书记载，曾先后到过齐、宋、卫、陈、蔡等国。这些国家，也自标榜为礼仪之邦。比方卫国，那里的国君如卫灵公、卫出公，大臣如孔文子，都希望仰仗孔子而附庸风雅。但卫灵公好征战而不尚礼教，卫出公只给俸禄而不用其道，孔文子圉则一面奉孔子为师，一面又打内战，这闻道之举就变了味。本身只是投机，何能慷慨赴死。孔子经宋，受到宋国文臣武将的威胁。之陈，又被陈国派兵围起来，把粮也断了，水也不给喝，使从者病，莫能兴。任你饿着肚子，干着嗓子讲诵学问。道之不存，神圣的教育被置于刀光剑影之下，能够朝闻夕死的，恐怕就剩下这班老师学生了。

孔子无奈，只好应鲁人之召，又回到了鲁国，做了一个国老，属于民主党派或政协委员，工作是整理校勘图书资料。看看自己年已七十，老来总是碰上闻道的尴尬，也便想到了死。鲁哀公十四年，鲁国西狩获麟。孔子闻知，喟叹不已，说：这种兽是仁兽啊，非盛世不现。而今出非其时，不该跑出来却跑了出来，所以被人捕杀。我不是人如麒麟吗？不逢盛世，四处说道，而今吾道寡矣。两年之后，便撒手尘寰，一肚子失落去实践了朝闻夕死。

孔子"夕死"之后，生前的尴尬便转到了身后。虽然两千五百年来，他被人奉为至圣先师、万世师表，并在山东曲阜修了个几近于皇宫的庙宇，享受万代香火。可实话实说，去那里的人很多都是附庸风雅兼及旅游，其中将"到此一游"题刻于松竹山石之间者，更比比皆是，仿佛个个都是撒尿于如来掌心的泼猴的后裔。真正前去"朝闻道，夕死可矣"的人实不多矣。因而不由人不认定，那万世师表也好，那神圣教育也罢，不过是些土偶泥胎。纵然有金粉银漆、绿瓦红墙，纵然有纸币香炉、金声玉振，也不过如缕缕青烟，飘渺在虚妄之中。

七、残阳如血

落日沉沉，漫漫长河流尽。教育的神圣于两千余年一路奔来，早已是灰头土脸，一身褴褛了。回首残阳如血，竟发现当年如老子、孔子等一班人物的遭际，远比后来者好多了。例如秦的暴政，就可以百书不厌。其实秦王政不过一小竖子耳，早年生于帝王之家，是谁的种还说不清。即秦王位后曾办过一起"间谍案"，是韩国一位读书人，算得上水利院士或专家，唤作郑国。此人西来，一边帮秦国开沟挖渠，"凿泾水自仲山为渠，并北山，东注洛"，一边据媒体炒作是借此消耗秦的人力财力，使其无力东出伐韩。于是身份暴露，被情报部门下了大狱，搞得秦国上下沸沸扬扬。

天下统一之后，秦始皇虎视何雄，鞭梢指处，却是禁学、焚书、坑儒。他先命李斯颁布政令：其一，禁止私学，禁学其他，只能以吏为师，学习法令；其二，除医、巫及种树之书外，四书五经，诸子百家通通烧掉；其三，有敢以古非今，如笔者现在这样谈论教育的，灭族杀头。政令既出，杀伐随行，果然几个不知深浅的儒生，为秦王求不死之药一事议论了几句，便被有司按借古非今论罪，牵连了四百六十多个居住在咸阳的读书人，全都拉去活埋了。这还不够，又设计骗来天下七百多名儒生，诱进骊山马谷之中，两头封死，滚木礌石如大雨滂沱，顷刻便悉数打死。据说那一刻正是苍山如海，残阳如血。

《文献通考·学校考》一书说："秦之于博士弟子（即老师学生），非惟不能考察试用之，盖惟恐其不澌尽泯没矣。"因而焚书坑儒便成了澌尽泯灭的千古创举，斯文早被滚木礌石如雨打风吹去，神圣的教育人在六合尽归的秦王朝，颜面与性命都未能得保。不过这些事也逼着一些人去帮陈涉的忙，其中当然就有读书人，所以几年后竟推翻了秦。我的一个生于汉代的本家贾谊就曾说过：秦焚百家之言，在于愚民。也就是不拿教育当事——教育何足道哉！然后销锋镝以弱天下之民，因河为池以陈其兵，愚民、弱民、防民之策毒矣，故使一个才能不及中人的陈涉斩木揭竿，而亡秦族。

静心品味，秦兴秦亡其实并不与教育相干，秦王不要读书人，因而自弱其政。但陈涉瓮牖绳枢之子，氓隶之人，也未必上过什么学堂，及至后来，楚汉争秦，那刘项也是不读书之辈，故而潮起潮落，也溅不起一星儿神圣教育的水花。

秦灭之后是汉，汉得天下，刘邦也"改了名，换了姓，唤作汉高祖"。这汉似乎也有不喜教育的遗传，所以一开始便和读书人过不去。比如景帝的母亲窦太后，附庸风雅，找了位老师辕固来讲书，不知怎么就引起了儒道之争，老太太好道，尊崇黄老之学，喜欢道德五千言；那辕固好儒，认定了孔老夫子和他那断断续续的讲话录音论语，说其他无非"家人常言"。真是一言不合，七窍生烟。时逢窦太后正患更年期综合征，便一怒之下，叫辕固去野猪圈里空手打野猪，算是理论联系实际。试想那畜类獠牙多么锋利，蛮力又何其大，辕固一个文弱书生、普通教员，此一去何尝不是凶多吉少。

由此可见，搞教育为人师的这一班人，混世的资本无非那些经传学识，学识不为人用，议论不为政依，这点资本就一钱不值，当老师的自然也什么都不是。不押出去打野猪就算不错，还枉谈什么神圣？

上面说的我那个本家贾谊，是个光耀祖宗门户的人。他十八岁文章学问就很出名了，洛阳太守吴大人颇为赏识，就向文帝推荐了他。贾谊被召为博士、官至太中大夫之时，才不过二十出头年纪，风华正茂，文章纵横议论，"辞清而理哀"。说起来他还有些民本思想和民主意识，在《大政》一文中，议及政治的灾与福，说"非粹在天也，必在士民也"，把读书人和百姓们捧到天上去了。可这样便招人嫌了，后来文帝也不胜其烦，将其遣送到长沙去为长沙王当老师，再后又打发他去做梁王的老师。所以后人王勃说：屈贾谊于长沙。纵是皇上偶然将其召回，也还是尊了我上文所说的"先师乃巫"的思路，夜半虚席，只谈些鬼神之事，大政方针是一字不提。难怪唐朝李商隐时过千年还要为其抱不平，说"宣室求贤访逐臣，贾生才调更无伦。可怜夜半虚前席，不问苍生问鬼神"。后来梁王骑马摔死，这本是偶发事故，而贾谊却自认"为傅无状"，悲泣岁余，也就撒手于神圣的教育，自己哭死了。

其实汉代无视教育，不尊师道的事还有很多。例如文景之后，上来个皇帝叫刘彻，就是汉武帝，他一生中办了与秦无二的事情，一是差一点将董仲舒下狱论死，后来也是把他调到骄横异常的胶西王手下，欲行借刀杀人之计；二就是将写了"史家之绝唱，无韵之离骚"的司马迁处以宫刑。这都是大家熟知的故事，写在此处不过用以证明师道之不存也固矣，哪还能谈教育的神圣呢？

八、日落西方

"苍天已死，黄天当立"。时光如白驹过隙，匆匆便到了汉末。其实这时候，教育仍看不出有一丝神圣之光的返照。倒是那些呼喊着黄天当立的儿歌、头扎黄巾英勇拼杀的农民军们，一个个倒卧疆场，断不会去考虑什么教育和受教育之事了。"当立"的是镇压了黄巾军的一位将军，此人络腮胡子，身长八尺，姓曹名操，小名阿瞒。曹操一生戎马，闲暇问政，也便去杀士灭儒。有一个人，算来也是孔子嫡传，因而自号"仲尼不死"，意味他便是孔子再世。此人曾做过北海令，大名孔融。他的模范事迹可以追溯到他小时候，据说那一年他刚三岁，阿母拿了些梨，分与孔融及其兄弟。或许真是至圣先师孔老夫子的遗传基因作祟，一个连话都不能说清楚的黄口小儿，竟坚决请母亲将梨中个大者让与兄弟姊妹，自己单捡小的。于是美名传扬，播于四海。

或许名声太大，声高盖主，曹操竟拿这样一个当代大儒祭了刀。无独有偶，前后脚又将另一学士祢衡借刘表、黄祖之手砍了头，也就成全了事必成双的民间定论。其实这两人都有些辱没斯文的地方，因此做了曹阿瞒杀士灭儒的由头。比方说孔融，三岁既能让梨，何故长大后却讲出父亲只是情欲发作才造出儿子，儿在母腹犹如物在瓶中这样的混账话？虽说让梨并非真心，此言却是真话，却偏偏违了现实教育所需求的"去真存伪"，故而杀了也无话可说。祢衡就更加荒唐，骂人已属不对，骂领导就更有过之。至于边骂领导，边脱衣裳，裸身跳脚，犹如欧洲那些在运动场上裸奔的男女，岂不是自己毁了儒士的名誉？于是曹操将其逐于刘表，递个眼色，手起刀落，斩于市曹，用一滩腥红之血点缀了教育的神圣之花。

过了些年，曹操也作了古，静静地躺在地下，而替代他家业的已是司马氏一族了。这时，金銮殿上坐的是一位不善掩饰自己以使路人皆知其心的皇帝司马昭。他自比周公，效法汤武，觉着自己就是生得伟大，活得光荣，因而要求天下之士必须服从朝廷。但是知识分子往往不买账，例如高士嵇康，又善弹琴，又能写诗，但偏偏要到山里去打铁。不吃敬酒，辱没斯文，于是司马昭只好狠下心来，借"圣人之法"将其斩首。听说嵇康临死时"顾视日影，索琴而弹之"，又慨然叹道，"广陵散于今绝矣！"想的还是音乐的传承与教育。因此夕阳之下，凸显出一个音乐教育家神圣与惨淡的反差，更使如今许多音乐爱好者无福欣赏《广陵散》而唏嘘。

自唐以降，又有李杜放逐、韩柳贬谪、欧阳修的《与高司谏书》案、苏东坡的乌台诗案，以教书为生的南宋词人陈亮的笞掠下狱，难以尽数。

其实仔细想来，除秦之外，其余都是师道不存的个案。但到了元朝，就在名分上把读书教学的排到了末流。《郑所南集》载，当时官民职业分为十等，即一官、二吏、三僧、四道、五医、六工、七猎、八民、九儒、十丐。这十类人，除了丐不像是正当职业外，读书人排到了九等。这真是羞煞了老师和学生。这且不论，更有谢枋得《叠山集》卷二中，把儒家排得越发不堪入目。他们是一官、二吏、三僧、四道、五医、六工、七优、八娼、九儒、十丐。"儒"在"娼"之后，仍为第九。所以直到"文化大革命"时，还把这些人唤作"臭老九"，平白遭受了许多"冲击"。

明清两朝，文字狱大盛，洪武、永乐、康熙、雍正几乎历朝都有杀儒灭学之事。特别是洪武皇帝朱元璋，不仅开始株连九族，还把先师孟夫子的排位从孔庙里搬出，原因是这个姓孟的在这个姓朱的之前近两千年，说了"民为贵，社稷次之，君为轻"和"君之视臣如手足，则臣视君如腹心；君之视臣如犬马，则臣视君如国人；君之视臣如土芥，则臣视君如寇仇"之类的话，因此孟子被取消了"亚圣"的荣誉称号，写的书也被甄别删改，编成《孟子节文》，发给各级学校。

"暾将出兮东方，照吾槛兮扶桑"；"撰余辔兮高驼翔，杳冥冥兮以东行"。匆匆岁月，就如屈子所歌一样，日出东方，日落西方。人们每日里只是吃饭穿衣，不觉西边的太阳就要落山了，数千年的封建王朝和从未神圣过的教育也将走到尽头。

九、"我要革命"

清末，国运式微，坎坎坷坷的教育在洋枪洋炮下挽起长袍，盘了辫子，像未庄的"刁民"阿Q一样，也要革命。

那时长江里游弋着许多战船，老百姓说，最大的船上坐过一个广东花县的乡村教师，姓洪名秀全。此人曾在广西桂平一带教书，在那里成立了拜上帝会，大概也是外国天主教的一套。后来金田举事，自命为天王。老天王洪秀全崇尚了一些耶稣之说、《新约》之说，便欲将他所教的陈旧的儒学打倒，搞教育革命。

于是洪仁玕颁令："前蒙我真圣主降诏，凡前代一切文契书籍不合天情者，概从删除，即六经等书亦皆蒙御笔改正。"此令既出，便设了天朝的删书衙，选派了一个学问好些的卢丞相贤拔主其事，算是教材革命的第一步。第二步改变学制，先砸了学堂中孔夫子的牌位，依据西方学校制度，计划设立一些实业学校、武备学校和海军学校。第三步办了义学和育才馆，给男女儿童以教育，并追求政治、经济、男女、民族四大平等。太平军中大小将领和各级干部，还收了许多学童为义子，教授知识，凡礼拜日，率其至礼拜堂，分别男行、女行，听讲道理。那轰轰烈烈的革命气势，竟犹如土谷祠中来了一伙白衣白甲的神兵天将。

洪天王既信耶稣，也就视儒学为妖，所以一语便道出了孔子辈巫的原形，但是不意在批判"孔巫"的时候，又身陷于"洋巫"之中。洪秀全的儿子曾说："老天王叫我读天主教的书，不准看古书。"又令一班传教士，到各王府、军队和地方施以教化。结果引来了一帮与耶稣同种的外国探子，出卖军机，制造内乱。于是洋教育尚未对土教育完全革命，许多措施也未能实行，天王下面各王便乱了起来，有人跋扈，有人专权，有人杀人，有人引兵自去。剩下个老天王在南京的位上驾了崩，而天国的教育革命也便终止。才露了一下头的神圣便匆匆缩了回去。

此时有两拨人无比兴奋，一拨人在江北大营，为首的是一个湖南老儿，叫曾国藩。他以中国农村士绅的机警，看到了太平天国枉用"洋巫"的缺陷，便祭起"忠信仁义"之道，举着"列圣深厚之仁"的旗子，率"仁义之师"以讨洪天王"残忍惨酷""暴虐无赖"。在《讨粤匪檄》中，他说："士不能诵孔子之经，而别有所谓耶稣之说、《新约》之书，因而粤匪焚郴州之学宫，毁宣圣之木主，十哲两庑，狼籍满地。"于是，他历练乡勇，组织家丁，打虎亲兄弟，上阵父子兵，吃了许多败仗，碰得头破血流。等到天朝内乱，洪秀全死了，终又将教化重归一统。

另一拨人则是身在天朝、暗助清廷的洋人，他们本来就做着"利用天朝的善意，寻找其错误，以便将其公之于众，来改变人们对太平天国同情"的事。他们诬蔑洪秀全是"一个无知的狂徒""一个盗魁"，说太平军是匪党，而"匪党之炽，不特害中国，兼害各国也。所以英法各国助以兵力削平之"。英法之外，还有那个几乎被太平军打烂了的美国人华尔，带着洋枪队疯狂屠杀，所以太平军是遭了暗算。直到最后，那个曾努力学习西方的洪仁玕，临死之时才说：我朝祸害之源，即洋人助妖之事！但悔之已晚。曾老太爷和真假洋鬼子，将刀架在了天朝的脖子上，任你是三头六臂，任你是教育先驱，也是不许革命。西学中学，都不是尔等分内的事。若真要造次，就且听"喀嚓"一声。

十、"看妈"行当

洪仁玕在《资政新篇》里，有两句话让人读之慨然。他说："且观今世之江山，竟是谁家之天下！"豪气干云，真似"众志成城，复见新天新地新世界也夫"。但太平天国还是败了，当时清朝在位的是咸丰帝，不过那时咸丰已得了肺结核，每日里遵了太医的方子，喝些鹿血，却没有见好的迹象。清朝也露出了下世的光景，其原因除了咸丰的结核病外，还有英法联军占了北京。上国气数将尽，皇上避祸行宫，圆明园里火光熊熊，北京城里横行的都是些黄发鹰鼻的洋人。且看今世之江山，竟不知是谁家之天下。鸦片战争之后，中国逐步沦为半殖民地半封建社会。

1862 年，恭亲王向同治皇帝递了个折子，奏请设立同文馆，开辟馆舍，延请教习，以"悉各国情形"。目的是通其文字，少受人家洋人欺蒙。这同文馆其实是个外语学校。鸦片战争后，英法联军胁迫，清朝的国际地位非常低落，和外国人谈事，那些长辫子的高官又听不懂洋话，只好使原本已不神圣的中国教育再低一回头，放下孔圣人的架子，去与俄、英、法、美的圣人们学习文字。

恭亲王既主外交，也就在国外四处打听何人能做教习，结果问得一个英国人威妥玛（Wade Thomas），又请他介绍了另一个英国人包尔腾（Burdon）充任了第一位教师。这包尔腾主要负责教授英文。那时他统共就带十个学生，可是钱却不少拿。第一年，得银三百两，第二年便增至一千两。而同时教习汉文的中国教师徐树琳，则得银不足百两。这一西尊东鄙的风气，流传至今，仍未少息。例如同教小学英文，我们这里一个叫迈克的洋人，月薪就有一万元，另一个马金心，汉语也甚不错，月薪自然不低于这个数。而其他十来个中国教习，大概仅及其五分之一。看来这类差异，源远流长，可以追溯到 150 年前。而中国人也有在海外执教的，如果没有绿卡，薪水则要比他们那些高鼻蓝眼的本地人低得多。

虽说人异，但是文同，同文馆还是办起来了。同治二年，增设了法文馆和俄文馆。同治十一年，再设德文馆。还请了个美国人丁韪良（W. A. P. Martin）当了总教习，也就是校长。

说来这个由外国人一统的学校，教育即便不神圣，也可以趾高气扬了。但是外国人对教育的做法，与中国竟然毫无二致。那丁韪良于同治二年便来同文馆教英文，同治七年讲万国公法，八年做了总教习，公历已是 1879 年了，但是洋教育却一直受制于洋官僚。那时同文馆的财权人权，都由一个在海关税务司的洋人赫德（R. Hart）掌管。校长、教师由他聘任，经费由他拨付。那些洋教育家除了对本地教育家还能抖点威风外，一见到洋官就什么也不是了。所以丁韪良叹道："在大学来说，赫德算是父亲，我只是一个看妈而已。"看妈就是中国人说的老妈子，属于佣人保姆一类，于主人而言，永远只是一个附庸。看来西学于西人也是毫无神圣可言的。

西人不予尊重，自己也不自重。那学生在馆内任意酣嬉，年少气浮，从不潜心学习。有一些聪明点的学生，也无心钻研，只于学问上"剽窃皮毛，资为谈剧"。到三年大考之前，就向老师行贿。那西洋老师又没有学过孔夫子的仁义礼智信，本来就是随着榨取中国财富的大兵们来到中国的，见到送来的珠宝首饰、金银票子，收之自然坦然。于是"交通名条"，就是互送名片，便把那分数通融了上去。

京师同文馆既如此，也还是历经了同治、光绪两朝。至光绪二十六年，也就是1900年，八国联军打入北京，这一方西式教育之地就因之解散。次年将其合并于京师大学堂，也就是今天的北京大学。

十一、盘头之智

太平天国运动的失败，并不等于西学就此在华夏大地断了根。有一些办理过外交的中国人，看到了洋人的厉害，船坚炮利，玩艺稀奇，所以颇为开眼。数得上的有来头的人物，就是李鸿章、张之洞等。

这李鸿章论辈分算得上是那个曾国藩的学生，他提出，大清朝的辫子不可以不要，洋人的玩艺也不可不学。解决的办法当然是依了中庸之道，即把辫子仍旧梳着。但要在头顶盘起，戴上一顶帽子，也就变了模样。这样不中不西的打扮，被其下僚，那个做过湖广总督的张之洞誉为"中学为体，西学为用"。

原来"中学为体"，就是辫子不剪，盘起来让人看不见。这一招实在是足智多谋，透着东方人特有的机灵劲。在学西文、西艺的时候，还要盘起三纲五常的旧理数，也就是坚守住"君为臣纲，父为子纲，夫为妻纲"，以及"天地君亲师"这千古不易之道。因为这天，说到底，仍是大清的天。故而"天不变，道亦不变"，辫子自然也不能变。

这三纲之中，其一当然是"君臣之纲"。这样，洋务教育就和唐宋元明以来的教育并无二致。仅属纲下之目，是神圣不起来的。当时也有维新变法的运动，也是依了西学，于皇帝钵中，讨一点民权的米吃。因此洋务教育，一定要明其纲，因为"知君臣之纲，则民权之说不可行也"。而那个不懂盘头的民权之说，"无一益而有百害，若人皆自立，不尽灭人类不止"。

其二还要顾及忠孝，这是各级学校的立学宗旨。忠于皇上，自不必说；孝于父母，以父为纲，则也不能变。老子的道德伦理，儿子是不能改动的。老子的老子及至老老子，都是以"经史之学为基""心术归于纯正"的一类。儿子们要变，就是僭越。

还有一纲叫"夫为妻纲"，就是男女教育不该一样。张之洞说："知夫妇之纲，则男女平权之说不可行也。"

当然，光盘了辫子并不能立刻遮人耳目。首先，外国人的蓝眼珠便洞穿了这点诡诈。一个英国的传教士格利费斯（Griffith）就说："孔教救不了中国，只有基督教才可以救中国。可惜张之洞见不及此。"还有人更是一语破的，例如一个叫福开森（Ferguson）的在《中国教育的展望》一书中说："清政府把'中学为体，西学为用'作为教育宗旨，是轻视西学的表现。"

触怒了洋大人，也得罪了孔圣人的门徒。那些孔学中的遗老遗少，在"老佛爷"面前，也是骂声不绝，但是洋务教育的盘头之智，却像是护法的金光罩，遮蔽着各个新学堂。在那里学军政、学船政、学步算、学制造、学德日英法文，甚而至于还拨出了些许银两，选送了一批留学生出国。当然，留洋期间，也要课以《孝经》《五经》及大清朝的律例。逢年过节，还需集中起来，听监督官讲《圣谕广训》，还要望着阙门行跪拜礼。但因此便使得那些旧大臣也无言，老佛爷也无怨。回国之后，有去张家口修铁路的，有去上海造船的，有在北京当大学校长的，也有当采矿工程师的，还有一些人当了北洋水师的将领，驾了一些西洋进口的快船，游弋于波涛之上，似乎确实有一些国家中兴的样子。恰如曹孟德长江之上横槊赋诗，慨当以慷。但是甲午年间，黄海之上，中日两国舰队相遇，丁提督汝昌率北海舰队仓促应战，致远号管代邓世昌临危不惧，将士爱国，三军用命。从德国买来的铁甲快船也展尽神威，但最后仍是一个失败。数月之后，经日本陆海军水陆夹击，北洋舰队竟全军覆没，丁提督也自杀殉国。洋务运动、洋务教育就此算是失败。盘头之智看来只是一个小聪明。为聪明所误的清政府，则于是年向日本服了软，在日本的马关（今山口县下关市）签下了《马关条约》。

十二、绝圣弃智

两千多年来，中国教育讲王法，遵从圣人之说。只是到太平天国以后，才渐渐地无君无父，礼崩乐坏，内中外洋，不成样子了。从1840 年一直到清朝灭亡，半个多世纪的教育史，长袍马褂、大鼻子、小辫子，走马灯似地转来转去，令人不禁为古人叹息。

其实古人也未必都那么正统。比如战国的墨子，与清末略同，可以告他无君无父之罪。孟子说："墨子兼爱，是无父也。"还有庄子，也可以告他藐视王法。庄子说："绝圣弃智，大盗乃止。擿玉毁珠，小盗不起。焚符破玺，而民朴鄙。"直接把盗之蜂起的罪源归到了圣人之说。这些言论，代代相传，虽非主流，但总有些市场。因而到了近代，在邻近珠海的中山县（现中山市）翠亨村，便出了一个医生，姓孙名文字中山。他经年留洋海外，不重医人，一心却要医这国家之病，其中当然也包括病入膏肓的教育。正因为如此，他被清朝视为盗。但是这"盗"在倾覆清廷创建民国之前，却做了件绝圣弃智的事，即倡导把旧学先行打倒，将新办的学堂作为革命之地。先后就有陶成章、徐锡麟、秋瑾等人借学堂组织革命力量。其中，陶成章更"蓬头垢面，芒鞋日行八九十里"在民间进行宣教，而孙先生更是直言：革命成功全赖宣传主义，教育便是宣传。于是把教育从圣大人言中剥了出来，为此他还在英国与维新派的大教育家严复吵了架。那严复是清末派去

回眸之顾

051

国外留学回来的，主张的是"兴学教育"，认为革命可以慢慢来。他说："以中国民品之劣，民智之卑，即有改革，害之除于甲者将见于乙，泯于丙者将发于丁。为今之计，惟急从教育着手，庶几逐渐更新乎。"孙先生则认为此言未免迂阔，不切实际而仅为幻想。试想以此言立论，则几十年内还"难养共和资格"。那岂不是仍要与圣大人言继续共舞？"俟河之清，人寿几何？"什么时候才能有中国的革命和教育的改革？因此孙先生提出教育与革命并行，教育为革命宣传。换句话说，就是打倒旧教育，实行新教育——绝圣弃智。

孙先生这一通理论，后来竟然实行，先是在学堂里发出事端，后来又漫及南方各地。及至辛亥之年，全国各地忽地躁动起来，仿佛人人都披了白衣白甲，把个清王朝便拉下马去。清帝已然退位，民国已经成立。孙先生令蔡元培担任了教育总长。三月，便颁布了《普通教育暂行办法》和《普通教育暂行课程标准》，开始改革教育。那改革内容，当然多为绝圣弃智之举，例如男女同校、小学不得体罚、禁用清朝教科书，废除"忠君""尊孔"的教育宗旨，甚至还规定了初小四年为义务教育。在《小学校令》中强调"小学教育以留意儿童身心之发育，培养国民道德之基础，并授以生活所必需之知识技能为宗旨"。德智体全面发展，其教育意识几乎与现在社会无二。

但可惜的是革命尚未成功，同志已抱幻想。连伟大如孙中山者，在 1912 年《民国教育家之任务》的演讲中也说："今破坏已完，建设伊始，前日富于破坏之学问者，今当变求建设之学问。世界进化，随学问为转移。"又说："从此研究文明学问，铲去野蛮学问，使我国之道德日高一日，则我国之价值亦日高一日。价值日高，则有神圣不可侵犯之地位，而瓜分之说，自消自灭于无形也。"可惜话音未落，袁世凯便公然卖国，实行专制，修改《临时约法》，破坏国会，而文明之学问竟不能奈其何。国既被卖，中国神圣不可侵犯之地位也就不存，文明与建设之学问自然也无法神圣起来。孙先生痛定思痛，只好另组中华革命党，重新主张"改造中国第一步只有革命"，并立志北伐。也即是说，在教育之中，野蛮与破坏之学问还得大行其道。文明与建设之学问还要相约数十年后。于此，教育"神圣不可侵犯之地位"也只能暂缓确立了。

民国教育严格说还须待北伐成功才能真正到来，可那时孙先生已经作古。北京碧云寺空置一副衣冠冢，让人唏嘘不已。

十三、经年后记

"神圣的教育"本来还有许多要说之话，例如蔡元培、陈独秀、李大钊、胡适、黄炎培，又如陶行知和叶圣陶。但是人算不如天算，当我正待下笔时，却遭一纸调令而去，只好将数本稿纸封于匣中。这一停，竟经年有余。

其实中国近现代教育自晚清至今，大约有三次转折。其一以魏源、龚自珍始，经太平天国、洋务运动，虽不甚神圣，但终于敢与更不神圣的孔孟之道分道扬镳，开始轻扣现代教育之门。及至孙中山，应该是第二次转折。那时他提出革命的教育之说，还与严复在英国打笔仗。孙先生的革命教育说其实质是为教育再赋予一种价值观，但却倡之过急过甚，留下了用政治代替教育的痕迹。第三次转折是改革开放之后，"睁开眼睛看世界"，有了素质教育、主体教育、课程改革等教育改革，让老百姓几乎都能上学了，教育开始走向大众化，有了翻天覆地的变化。至于教育是否就此走向神圣，那就是仁者见仁智者见智了。如果有人说如此一来教育便走向神圣，我只是微微一笑，然后尽快把这篇未写完的稿子结个尾。

侨村六记

贾笑纯

一、侨村生活

为什么来深圳？到深圳为什么要记？记又为什么非"六"不可？——我不知道，如强说之，大概只能归于"崇古"。

来深圳，去海南是浩浩荡荡的大潮，涛头自有"手把红旗旗不湿"的弄潮儿。我们则不然，不过是浊流翻卷时一并带走的草芥，在这天水东流的大势下，犹如孙子所云的"微乎微乎，至于无形"——于是从流漂荡，一贯而下，来到这远离京华，四阿旁广，几近荒漠的地方。

白天偷一点闲，便会想起在家里陪儿子玩的一种滚珠游戏：在一个玻璃覆盖的小盒子里，三只钢珠滚来滚去，绕过屏障，跌进小洞里。每当完成这悲剧性的跌落之后，在儿子的狂欢声中，我心中升起的总是淡淡的惆怅——在这生活的玻璃盒里，是谁把我们摇进这洞穴中？

来到侨村，总算偏安于一个喜欢的职业——在"村学"中教几句书。在我故作严肃，略挺躬背，气宇轩昂地在台上载说载舞时，真庆幸没有丁聪那样的刻薄子将我画下。有时也自做恬淡，大讲陶渊明，可当板书"归去来兮"四字时，手为什么要抖？"富贵非吾愿，帝乡不可期"，一千五百年前陶先生之金声玉振，吾何以忘之？吾何以忘之！

夫人卓芳觅得一个人人羡慕的位置，在豪华的酒店中做总经理秘书。每日混战于文稿报表之间，在日常的杂事之中难得休息，在纷杂的人事之中难得不糊涂，在冥茫的前途之上难辨西东，在艰辛的现实路上难分高低。这里已非内陆性气候，每天从海上吹来腥咸的风，不云而雨，不霁而虹，一日一事之间，"气候不齐"。

唯一洒脱的是儿子，每日早早地背上红书包，撑起红雨伞，一身红裤褂，行走于上学路上疯狂的车流中，仿若一粒停车标志。

儿子的嗜好单一，沉迷于一件事情往往不能自拔。在西安时，每天去幼儿园都执意带一本袖珍的世界地图集，因酷爱地理，使得地图出版社的工作人员都认识了这位买主，当他在柜台前纵横经纬，指点洲洋时，窃喜的是表情淡然的爸爸妈妈，虽然这后两位都学过"伤仲永"一课。儿子近来手不释卷的是《上下五千年》三巨册，举凡三皇五帝、夏商及周、春秋战国、秦汉两晋、隋唐宋元、有明有清，无不一一品味，津津乐道。且于不知不觉中，将大汉族主义的倾向性存于一心。对南宋赵昰赵昺，尽管无能腐败，也坚决捍卫之，反之，忽必烈无论如何英雄孔武，也坚决打倒之。六岁孩子便陷入非此即彼的思维误区，是做父母者所始料未及的。若与之争辩，他便以一双小黑眼睛看你，那里面分明燃烧着为真理献身的烈焰。我们也只好为文化的"传统"长太息了。

当然，这小儿的学前教育不敢恭维，"六一"前尚有一月，学校竞停学排练节目，每日儿子上学，和群童厮闹一处，回到家中，用逼真的粤语念出大段歌谣。当然，这内容是说者听者都不明白的，我们仅是应节欣赏。直到有一天，同行一位老师听到了，做变色状曰"快闭嘴，快闭嘴"，其情甚于防川，始知竟是不能入雅之言。

好在家离学校不远，放学归来，我们不必担心有什么"未改造好的"子女将其诱使变坏。倒是屋后一条污臭的排水沟最令我们担心。那里除了日夜奔流着公厕的脏水外，两岸还栖居着大量的游卵飞虫，夜里喧嚣着蛙吟蚤鸣。儿子放学归来，以伞挡住西来的如箭金光，虔诚地面对浊流中的游虫，尽情地将生命在一沟脏水中融化，那心中或许正如钟子期之"高山流水"般的颖悟呢。

说到家，其实是一间简陋的铁皮房，四面以波浪状的铁皮瓦立围，屋顶以铁皮覆盖，铁门之上铁将军做怒目金刚状。铁窗之内是我们铁定要住一段时期的无奈和绝望。想起西安的华堂豪舍，再看眼前的衡宇陋室，独对青灯白纸，真是"愁煞人也么哥！愁煞人也么哥！"信笔写道：

> 囊空久违了陶朱梦
>
> 蹈海却非为英雄梦
>
> 旧书里私寻神仙梦
>
> 南来万事皆南柯梦
>
> 愁煞人也么哥
>
> 愁煞人也么哥
>
> 这世上全是连环梦
>
> 三十六年却非一梦
>
> 梦破了仍思团圆梦
>
> 欲将些心事付残梦
>
> 夜来诸事竞难入梦
>
> 愁煞人也么哥
>
> 愁煞人也么哥
>
> 写罢这说梦还是梦

——右调《叨叨令　说梦》

1989 年谨记

二、初来深圳

直到一脚踏上深圳的土地，我还未从一种如痴如梦的幻觉中醒来——这就是深圳？火车站出站口大门敞开，并没有横眉立目的检票员，如潮的人群，有提号码箱挎"BB"机的，有拉行李车着牛仔服的，还有低领口高裙裾，半裸大摆黑领结的……挟着 18 世纪、20 世纪甚至超世纪的"风采"一股股涌来，一朵朵飘去。刺鼻的狐臭和昂贵的香水，使空气在骄阳下迅速膨胀，头脑似托马斯全旋，肠胃如引体向上，在一种近乎乡下人的怯怯之中，我来了。

我的命运紧系在卓芳的兵车上，当她辚辚而动时，我身上所有螺钉也吱吱作响。为了和她同道，我舍去工厂颇有作为的助工职位，去学校做了一介书生。同样为此，又于中年之时燃起青年人的狂热，在中文考试的五万举子中，独自横刀立马。她认定唯有肖邦、李斯特可以将儿子导向成才之路，我便倾囊而出买回那架不能多摸不敢轻碰的黑色"尤物"。如今，她又一次为"理想"拉响了汽笛，我则在一片混乱之中整装出发了。

介绍我们来此的是我的朋友小高。暑假期间，他以一家酒店工程部经理的身份飞临古城，笑眯眯地出现在我们面前：

"走吧！"

"嗯？"

"走吧！"

"嗯——"

"那好，我先把她拉去，不怕你不来。"

仅仅 9 天之后，长途电话便叮呤响起，2000 公里外可以听得清胸音的轰鸣——这确实是极热情、极诚挚、极恳切的邀请，所提供的机会——对一家类五星级酒店总经理秘书一职的角逐，也确乎令人必欲攫来。特别是成功的楷模小高，瞧那神态、那眼神，听那胸音、那话语，哪处不渗透出一夜之间立业成名，雄图即可大展的英气？初见时，原以为会是小高隆重的迎接，岂料来接待的竟是一位婀娜的小姐。听其婉转的粤语普通话，方知是高经理的秘书驾到，而高经理本人，正在现场"挥斥方遒"呢。于是我们在他办公室安坐、喝茶、看报。那期间，高经理如风般卷进，如火般寒暄，又如风般飒然而去，直到午饭时间永远从这一天逝去，他才带着歉疚的倦怠踏进屋来。

我望着那张继续伏案圈点的面孔，诧异这就是当年驰骋足球场的小高？那时候我们同队，西战长安，东征天津，佳绩频频，他是立了大功的。当然，作为一名工程师，他也属天生这块料。还在大连工学院时，他就以一纸设计博得众多行家喝彩。他严谨、缜密，有些古板，但那一双巧手摆弄复杂机械时，你必定看得见每个镙丝迸发出的活力与灵气。

如今，他是在这个"球场"驰骋了。

卓芳下午去参加酒店经理招聘会，带她去的是一位与之年龄相仿的女子，衣着很得体，脸微圆，眼睛像一泓深秋的山水，小高介绍说她姓范，是酒店后勤保障总监，他的顶头上司。后来，当卓芳以一篇"会议观感"暂时博得秘书之职时，范总监也成了她的上司。

我则找到一家香港独资公司，担任车间副主任，负责生产调度工作。总经理以恢宏的气度海纳了我，要我立刻上班。当我在嘈杂的机器声中检视每一道工序时，心中不断为我大学的老师祈颂功德——是他们给了我这只吃饭的碗。但不久，我便发现事情有些不对头。每天，我们要上九个半小时的班，其中一个半小时无偿地奉献给了那位老板。每月也没有固定的公休，只是在停电之日才获得一日短暂的喘息。

夜晚，独自当班，我常常站在临海的窗前，眺望隔岸如星的灯光。那边是香港，一个陌生的地方。在潜意识里，我总觉得那点点灯火闪烁着的是虚幻和不实，就犹如这家公司一般。而回头北望，则是漆黑的万叠峰峦，那边有我的家。这时候思维是枯竭的，在整个空白中，脑海里只杂陈着用各号铅字打印的两句诗："西北望长安，可怜无数山。"夜餐的时候，卓芳会早早等在门外，手里提着一个铝制的饭盒。那里面，大约是她用两个鸭蛋摊的几张薄饼或早饭时剩下的馒头——这是大米世界中的珍品了。但我实在不忍她这样在门外久立，彼此隔着看门的保安，那情形极像探监。不上晚班，下午我便早早冲了凉，步行15分钟去卓芳的宿舍。来这后，我们便似牛郎织女，各居一隅，重蹈集体生活之辙。有时工作紧张，一连几天不见，会面便成了"情人节"。当我站在她的楼下仰望那扇漠然的玻璃窗时，就像外国民间故事里多情的牧羊人。这段时间至夜阑，是我们辛苦主旋中的浪漫插曲，我们踩着湖边林荫路上的枯叶，以温吞水样的中年步履，看月亮从水中跃起，看月光在浪里揉碎，听路边草虫惆怅的歌和风在耳边叹气。有人笑谑说这是"第二次握手"，可我的心态哪容得下半点恋爱的影子？每当在"鹊桥"——那座横架马路的立交桥上分手时，卓芳说我远去的那点瘦小的身影就像是"悲怆交响乐"中的一个加重符。那时候，儿子还留在西安，家书里少不了给他讲各种动听的故事，有人回去时带去了我们的一盘录音带，里边尽是对游乐场、海湾、湖滨的渲染烘托，其中早茶如何好吃一节，害得儿子垂涎于千里之外，罢饭于姥姥家中。平心而论，来此数月，我们倒是吃即食面的时候为多呢。

12月的一天，我刚上班，卓芳来找我，告诉我说中学校长想见见我，那时候我已得到两个单位的承诺，希望我去面试。但听说去学校教书，还是很高兴，便匆匆安顿了一下生产，到校长家中赴约：

"你来吧，我们学校可以办调动的。"

"我教哪个年级呢？"

"带高二语文吧，两个班，物理现在人够了，语文教过吗？"

"教过！我们的教材大部分是从高一高二中摘选的。"

"那好，你现在拿多少钱？"

"400多元！"

"到这先拿300元，一刀切，调动以后会多很多的。"

"我无所谓，就这样吧。"

就这样，我炒掉了公司老板，来到学校。当我在桂香盈盈的窗前重温"孔子曰"时，眼泪差点涌出来。我知道，人生一个新的轮回开始了。

三、入侨城中学

侨城中学坐落在一处临海的山坡上，矗立着典雅的西班牙建筑，弥漫着温馨的乡村气息。百叶窗前，可以尽收深圳湾如砥的海面，可以看到天上疾走的白云和水面静静的船帆。清早，当冬日柔和的太阳在回廊上洒下点点光斑时，可以听到女教师悦耳的嗓音和学生琅琅的读书声。有时，校园很安静，那多半是伏案工作的时候。这时，如果你有心，便会听到风刚刚在米兰上，在茉莉上，在桂花和四季都开的杜鹃上轻轻走过，听到花枝轻擦时的幽幽软语。

我爱在这样的时候随意浏览些杂书，案头也常放些元清杂曲，唐宋诗词。来这里后，在书市上消磨了几个星期日，因此书橱里也添了些"老庄孔孟"来附庸风雅。每天晚上，无事便手拿一卷，读到会心处，便击节叫好。有一段时期，大学里的年轻人读厌了弗洛伊德和萨特，忽然集体转向，纷纷争购医经、易经，一时这类书竟洛阳纸贵。我对待祖先深奥的学问，向来有如磕长头的信民对待宝殿上的佛祖一样，说不清是信奉其宏大博深的精髓，还是顶礼其肃穆庄严的形式。每于开卷之初，我必诚惶诚恐地祈念这"大泽"中伏焉的"龙蛇"，希望在惚兮恍兮中辨象，在恍兮惚兮中识物。最与我灵犀相通的是道的"恬淡无为"——一杯香茗在手，默诵"为无为，事无事，味无味，大小多少，报怨以德"，实在是超脱得很。人类也怪，总以偏执为善，以中庸为恶，一事上下，便心争力斗，一念内外，便口诛笔伐。数百千年以来，无穷的内耗愈演愈烈，直到终于燃起了一场历时十年的总爆发。而今，我竟意外地先自偏安一隅，内心充满了无限的宁静与安详。

1988 年最后几天，整个侨村沉浸在"双节"的欢快中，这时隔海常吹香港风，受欧亚文化熏陶，圣诞和元旦过得很隆重。快下班时，酒店工程部小刘来约我，说是小高组织了一场足球赛，是节日期间的一项娱乐活动。我欣然应答了，便和他同去。小刘是我们来这后认识的朋友，一米八的个子，有运动员的素质和体魄，为人热情，但感情脆弱，堂堂五尺男儿，却常弹他的英雄泪。他和小高同学机械专业，又同到工程部。但如今小高是经理，房子也分了，爱人孩子全来了，而他仍旧孑然一身，连四壁之家都没有。为此，我也看得出他胸中郁积着愤懑之情。

球赛后，工程部请客。席间，觥筹之间，暗暗心机四伏，所有酒杯都欲令小高一醉方休。我向来不胜酒力，逢此战场，便自甘寂寞，眼见朋友在两难之中前遮后掩。这时，小刘决然而起，一副鸿门宴上斗酒彘肩的樊将军气概：

"我替高工喝！"一饮而尽。

"满上，一齐干！"再饮而尽。

"别装孙子，都来大杯的，喝！"三饮而尽。

酒助英雄胆，醉后的胡言乱语犹如唇枪舌剑，使我有些不安，于是悄悄嘱小高收场，免得生事。但万没料到，在服务员盈盈地走到桌前收账时，"樊哙"和"项庄"（小刘与一个瘦瘦的电工）却在外面赳赳地打斗起来。待我跑去劝时，战场已归于平寂，一场男性力量的颂歌在发声之始便结束了。

小高预感到祸事将临，尽管他曾对酒店付了那样大的心血，做出了那样大的成绩，但第二天仍被宣布停职，而小刘则去了派出所没再回来。我们的生活发生了很大变化。冬日的寒流从北方侵入，深圳湾在一阵阵的冷风下打抖，来这里时，尚是初秋季节，天气犹如北方的夏日一样酷热，我们全未带御寒的衣服，甚至毛衣也没有。每日去学校，总将门窗紧闭，坐在桌前，捧一杯开水愣神。虽然还是常常翻开案头的杂书，却感觉不到那种内心的恬静了。卓芳更难堪，自小高停职后，周围平添了许多猜忌的白眼，似乎她也是酒后起舞的豪杰了。我们沉默着，有时下了班，不自觉便走到小高家，但在一起，仍然是沉默。实在闷得无聊，便吁一口气，拔腿就走。傍晚时想跟卓芳到湖边去转转，才出门，就被寒气逼了回来，于是紧紧衣服，独自步行回宿舍睡觉。

快放假的时候，小高对我说，酒店要他在会上作检查，或许仍启用为经理。我问他的意思，他说："我没有错，不检查。"我劝他不要倔，让他想想自己来这里真正忽视了什么，对今后发展也有益。而对这件事也可借机说明原委，免做冤大头。小高默许，随后又说："心里太乱，写不了，你帮我吧！"我笑了，暗想，这才是本色当行。我如今的锦绣文章全赖自小为人为己写检讨练就的呢。临别时，小高看着我，慢吞吞地说："就是酒店仍用我，我也不干了，没法干了，将来我仍做我的工程师，搞技术。"

学期的最末阶段，我像例常一样又陷在熟悉的繁忙之中，周围浮满了试卷、期评、总结。这反倒使我能暂时摆脱烦恼的阴影，集中心力去应付杂事。最后两天，总算可以抬起头喘一口气时，忽然想起校长早已承诺的假期为我办借调的事，于是便匆匆去办公室找他。但不巧得很，这几天连轴一般地开校务会，似乎校长在下学期的工作安排上举棋不定。在门口稍一探头，便发现满室凝重，连弥漫着的香烟的云雾都是阴沉沉的，于是只好回去等。临下班时，我急中生智，找了一张颇为华丽的便签，用我自认为最帅的书法，写了一张措辞得体的条子：

校长：

　　您好，抱歉占用您一点时间，我想问一下关于我假期即办借调之事，是否已研究妥？百忙之中还以小事打扰，非常不安，顺致谢意，专候答复。

敬礼

第二天，校长召见了我，吞吞吐吐地告诉我说此事"未研究妥"，要我不要有什么"思想压力"。其实我知道这是搪塞的话，他们根本未曾研究，但也不好说什么，便只有苦笑。元月25号，我和卓芳终于可以回西安了，我俩匆匆采购了一些物品，便去乘火车。后来得知，在我们如假释一样坐在硬板凳上颠簸时，小高终究辞去了经理的职位，坐飞机去海南应聘了。

四、重返深圳

小川来信了。

年后尚未过五，我们便回到了侨村，这里外地人大多探亲去了，四周显得空落落的。儿子新来，我带着出去转转，却见那些大红大金的门联和满地炮仗的碎屑，勾起一层天涯羁旅的浓浓愁思。

一个清淡得连儿子都欢乐不起来的年节。

卓芳第二天便去上班，先就看见桌上孤零零躺着一封信，这可真使我们喜出望外。小川是卓芳的表姐，比我们早来深圳几年，她原是一家杂志社的美编，大约是因艺术的气质吧，做什么都不称心，于是干脆辞了职自己干。寒假前，我们去蛇口看她，碰巧她正在一幅大型壁画上着色。那时夕阳从海湾处洒来了束束金光，料峭的海风中，那一顶驼色的绒线帽和沾满油彩的工作衣，使她看上去仿若这幅画里的一个童话故事。

她确实是一个童话人物：小小的身量，弯弯的眼眉，童稚般的情趣天真，一汪清澈如水的眼眸。在她小小的居室里，靠墙堆满了画板和画框，几幅未完稿的油画，散乱支在地当中，临窗有两个书架，堆着一些现代艺术的书和一些现代诗。她的婚姻并不如意，几年前，和一位中央美院的老师离婚后，便一直孤身独处。在深圳，本来朋友就少，交往的圈子又窄，因而常来常往的除几个画界的朋友外，还有便是那个大胡子诗人孟浪。小川说，这是个会搀着老太太过街的好心人。

一天，小川来电话，告诉我们要来酒店玩，同行的还有几个朋友。晚饭后，我们便早早等着。这是一个无月的冬夜，空气里渗出海的潮气，仿若生活中那种略带苦涩的微咸。小川来后，便去了迪斯科舞厅。舞厅的灯光幽幽地闪烁，使四周模糊不清。音乐乍起，仿佛远处滚来的雷鸣。不一时，场上五彩缤纷，强烈的节奏和急转的灯光，使刚才的暗淡尽扫，这时，小川率先舞进场内。我感到惶惑，难道这就是情绪的解脱？来到深圳，早已见惯了密布的舞场，每逢假日，便挤满那些发了财的和未发财的人，大家在这里，一改平时情态，全都尽情地、疯狂地扭动。这就是解脱？

小川下来，淡淡的笑靥里仍藏着悲伤，我问她，何苦这样对待自己？她却反问：不然怎么办？是啊，不然怎么办！在我，在我的朋友，在卓芳，在卓芳的熟人中，谁能令其解脱？谁能帮这个忙啊。和她激烈的举止与现代艺术氛围相左，小川内心却始终追寻着平和宁静。有一次我们聊天，她说在这如山如谷的楼群中常觉得头痛，真愿走到一处山明水媚的乡村去静静写生，静静生活。我对这个话题很感兴趣，便说：

"是呀，可我们偏赶个大潮，来到深圳。"

"你不适应吗？"

"不适应。"

"许多外地来的知识分子倒很适应呢。"

卓芳正在翻书，听到便插话说："有不少大学讲师都弃文从商，有些还是专业上小有成就的呢。"

我笑了一下："当然，人中俊杰嘛。"

"我不能这样。丢了画画专去奔钱，我不干，为了画画，钱奔我来，那倒属必然。"

我们笑了。卓芳问：

"当初在北京，你向往深圳吗？"

"不，至少不太向往，嗨，有点搞不清楚。"

"那你为什么来？"

"为什么？"——没为什么，就这么来了，过了一会儿，小川若有所思地说："外地也太烦了。"

"谁知来后味道更不正，至少连过去那个文化氛围也没有了。"我补充道。

"是呀，缺少心理准备。"

"出山太早了。"

于是话题又引入"道"。讲到道的原旨，说：匡扶天下，治国齐家，吾不能也，亦不为也。唯应修身养性，集聚菁华，"致虚极，守静笃"，天道长久，没身不殆。卓芳便讥我虚无，小川也笑道："那你来这里干嘛？"我说："身不由己。"卓芳看我一眼，说："他的全部本事就是三天两头便要打道回府。"

我说："术业不精，当然应重回终南再造了。"接着，还把古今贤相策士，名儒俊才一一列举，说他们不是修道深山，便是躬耕乡里，待才情养颐再出山，一旦出山，或三分天下，或一统中原，究其原因，盖得乎"道"矣。

小川笑了，说道："就不怕人家说你终南捷径？你还是既来之则安之吧。要说养颐才情，倒应该是我深山再造了。"

卓芳也说："结庐在人境，而无车马喧，问君何能尔，心远地自偏——你还是跟我在这里心远地自偏吧。"万不曾想到，这个小小的玩笑在小川心里竟布下了种子，1989 年元旦才过不久，她打电话约我们吃饭，席间淡淡地说：要回北京过春节了，这两天就走，并且，不再回来了。我知道她是记挂父母，又为来深圳的这几年伤透了心。这儿人情冷漠，容不下那颗包藏艺术、情趣盎然的心。我和卓芳感到了一种莫名的惆怅。身边的朋友、亲人一个个走了，先是小刘，后来是小高，如今又是小川……

小川来信了。

我和卓芳打开小川的信，这是草草的字迹写就的六大张纸。小川告诉我们，她在北京正在联系合适的工作，虽然现在到处都在搞"优化组合"，许多单位还在裁人，但她仍然去了大众电影等几家杂志社，并被试用。然而不可思议的是，这些单位的一套程式让她很不适应，那都是些三年前就已抛弃的生活，现在像一片怪影笼罩着她，让她感到惊慌恐惧。小川在信中问道："难道我以这极大的代价——我的自由空间——换来的就是这个吗？难道我努力获取，甚至不惜心灵流血，得到的就是我早已经抛弃的吗？我已重新做了抉择：月底回深圳。在这里，尚存的只有对你们的怀念，非常，非常的怀念了……"

我看到卓芳眼中噙着泪的笑靥。这是一种多深沉的情感啊！深圳、深圳，你给了我们什么？走在这里的土地上，处处都是冷漠空落，没有依赖，没有寄托，甚至缺少安全感。但为什么，这些去而复归的游子离不开你？为什么我们要留在这里？夜深了，初春的凉气透进铁皮房，隔窗可见路灯昏黄的光，儿子在梦里咕噜什么。他的入学问题尚未联系，这事明天就该办了，拖下去恐有麻烦。来这里事事要早走一步，特别是为儿子编织明天。

五、搬家与铁皮屋

结束集体宿舍生活是四月的事了，那时恰值梅子时节（这里叫回南天），天整日阴沉沉的，床上被褥，柜里衣服，摸上去全是潮潮的。偶尔晴半日，便浮起一股湿热，使人想躲去空旷处大口大口地呼吸。前天是我的全校公开课，这是学年教研活动的一部分。不过在我却多了一层意思：由于未办借调，名列副册。这机会，当然是校方对我实力的检阅。我不敢稍懈，提前两周，便磨刀霍霍，以便届时决战我亲爱的同仁和各位领导。

时间定在周六上午的连堂课上。

课文选了司马迁的《货殖列传序》。

面对堂上几十双疑惑、虔诚、挑剔、困顿的眼睛，我有一种莫名的兴奋，久违了，露脸的时机！久违了，又一次挑战。我崇尚道的恬淡无为，我爱静静地独居一室，静静地读书，静静地思考。我从内地来，为的是唾弃令人生烦的天争人斗，然而，为什么却为这次挑战兴奋？道说"无为"，道又说"穷究天理"。这是"争"与"不争"的矛盾。在对立之间，道巧妙地化合了二者。庄子一篇《养生主》塑造了一个艺业求精，万事缘道的解牛庖丁，这位两千多年前的屠宰大师，不正是一位将"穷究"合于"天理"的杰出悟道者吗？于是意绪横生，整堂课天花散锦。我先用文言翻译加语法震慑了学生，继而又"节外生枝"，将西汉初年的经济制度，黄老学说，太史公的商品意识，汉武帝的通商用"传"（通行证），其而今天的特区制度次第点出，纵横比较。俯瞰台下，我几为那一片屏气聆听的气氛陶醉。于是暗忖：我亲爱的同仁和尊敬的领导怕是被"打倒"了。

星期一上班，路过校长室，我被唤进去。那位半老的先生一边合上笔记本，一边努力从眼镜后面透出一丝笑意，缓缓宣布道："下了课去领铁皮房钥匙！"

我们终于有家了，整整八个月的单身生活结束了！获得解放似的欣喜使我和卓芳当即齐集陋室，挽了袖子，大擦大洗起来。第二天，又借了手推车，将全部家当搬来。几年前，三毛的作品一出版，我和卓芳便成了她的读者。我俩未见得欣赏那对过于神话的纯情爱侣，但却赞叹那一篇篇故事中渗出的生活情趣。当中尤为着迷三毛在撒哈拉沙漠中独自建家的才智与勇气。在我们的意象中，和三毛简陋的居室相比，那一套套三室一厅、四室二厅的单元房显得无比俗气，那一幢幢恢宏的楼宇显得格外矮小。今天，我们在这滨海"撒哈拉"里创立家庭了。立于室外，乃瞻衡宇，我心中唯浮起几句熟悉的话——子曰：何陋之有？何陋之有！其后几天，我们精心布置了家，因为没有书架，便把书用书立子夹起，整齐地堆在案上床头，迎门用木板立了个屏风，免得来访者始进家门便一览无余。由于是铁皮围墙，便将儿子的一张大幅汉语拼音图表贴在上面，同时，又在侧面的铁丝上挂上了最新的1989年画历。

坐在木椅上环视四周，感到由衷的满意，清心寡欲，内心宁和，悠悠然仿若身置帝乡。卓芳出去打点吃饭的家什了，因为刚听说市场的瓷器店有处理的残次碗碟。我一时无事，便去外面拾些碎砖，用水泥砌了个简易的水池，这样一举解决了冲凉、洗菜、淘米、洗衣诸般大事，乐得儿子当下便要以身试水。入夜，白日的炎热在铁皮的缝隙里遁去，匿身暗处的蚊虫飞了出来，在耳边浅吟低唱。一只大如杯口的长脚蜘蛛，仿佛《第一滴血》中的兰博，在铁皮与蚊帐之间矫健攀援。壁虎是儿子心中的宠物，此刻正在他出神的注视中缓缓爬向猎物。这儿几乎成了各种生命的乐园，儿子为它取名为"动物世界"，那是来自中央电视台脍炙人口的专题片的灵感。时间久了，那些白壁虎、黑壁虎、大蜘蛛、小蜘蛛，甚至总是沿墙壁匆匆行进的蚂蚁军团，都成了他熟悉的朋友。但是这种天真烂漫并没有持续多久，终于，我们全家都对这些昆虫失去了爱心。那是一个清新的早晨，我如往常一样，早早起来买早点，却发现筐里的菜被什么吃了，在残存的莲花白和青瓜上，尚有咬啮的齿痕。儿子和卓芳起来看，判定是屋外的那三只老鼠所为。

在每日淘米洗菜中，透过下水洞，我们常见三只灰色的硕鼠在外觅食，它们并不如一般鼠类胆小，也不爱争斗，只是相安无事地一心进餐。时而菜冲不出去，它们中的一只便会搭起两爪，探头进来拖。这时那粉红色的鼻子和如豆的黑色小眼，便现出"思无邪"的灵气与纯真。它们不常进来，因为外头食物是充裕的，我们隔着铁皮相望，彼此成为很好的邻居。

但最近一只母鼠不见了。

果然，其后一天夜里，便听到了幼鼠吱吱的叫声，透过蚊帐，我们悄悄注视鼠群在室内游行，大鼠们的伪君子面具不见了，它们跳到粮袋上、菜筐里，肆无忌惮地白吃白喝。大约因相邻日久的旧情，一开始并没有人想去干涉。然而，当要昏昏睡去时，却突然盆碗叮咚，那些饱食后的老鼠开始舞蹈嬉戏了。

如是者再！

如是者三！

我们的生活受到严重干扰，每夜都要审慎地掩食遮菜，然而饥饿的鼠群却倍显智慧，它们总令铁屋的主人夜夜兴叹。万般无奈，大家终于催动杀机，在床下桌旁，洞边鼠道，布下毒饵。于是铁屋寅夜又成为杀戮的屠场。

我们依然住得心安理得，读书、备课、做饭、进餐，每日如常。

近日又买了《四书集注》，便在老庄之余也读些《中庸》《大学》《论语》《孟子》。奇怪的是陋室之学竟比在广厦高屋中更加"于我心有戚戚焉"。卓芳也自有事做：常于傍晚浆洗完毕，动手编写她的《深圳湾人》报。这份读物，自她接手以来，还颇受侨村各方青睐呢。儿子自"失乐园"后，把对昆虫的观察集中到写写画画上，他以狂热的激情每天向西安发一至两封信，那上面常以拼音和汉字交织地叙述着童心体察的生活，但却再未提及他的"动物世界"。直到有一天，我查看他的作业本，却见封底赫然写着一首诗：

　　　　　　大手枪，小手枪
　　　　　　我们家里有三枪
　　　　　　三枪一打啪啪啪
　　　　　　枪里子弹冒火花
　　　　　　打了苍蝇打蚊子
　　　　　　打了蜘蛛打蚂蚁
　　　　　　打了老鼠打马蜂
　　　　　　打得它们嗡嗡嗡
　　　　　　打败秦军三千万
　　　　　　打得他们哗啦啦

　　我哭笑不得，卓芳也啼笑皆非，我们知道：铁皮房——我们的家，已经在儿子的心中留下了永难泯灭的划痕。

六、人事手续

　　蔬菜最便宜的季节过去了，五月，热浪涌来，太阳火辣辣地照耀着大地。市场上物价也跟着这温度直线上升，不足数月，各种物品几乎全都翻了一番。我们不得不审慎度日，每日生活费控制在六七元内。这样，除去其他开销，便等于是浮沉在特区贫困线上了。于是，每于下课归来，我便愁肠满腹地惊对物价吞人的巨口。

　　这天，天色擦黑，海面吹来夜的凉风，我如往常一样冲了凉，准备看书。岂料门外响起嘭嘭的叩击声。打开门一看，竟是小刘。那次夜宴之后，小刘从看守所出来便一走了之，临别，写了个条子留给我，说："来这一年，委屈比欢乐要多，现在不想多说了，因为说也无益，深圳伤透了我的心，此去便不再归来。"最后，他特意叮嘱我们路经武汉时去他家玩。然而仅隔五个月，小刘便归来了，看着他胡子拉碴的脸，似乎觉得面前这个人好似邦迪一样的硬汉。他大口大口喝着水，告诉我们，这些日子，本想在武汉待下来，但试试竟然不成，好像心已经野了，于是三月底重回深圳，去市里约了朋友，乘船南下海口。他擦擦嘴说："我身上只带了200元钱，希望能在那个岛上打一份工，但谁知际遇不佳，理想的单位总进不去，又加上连日来感冒发烧，硬是仗着身体好才混了回来。嗨，别提多狼狈了。"

"那现在决定怎么办？"卓芳问。

"无所谓，打工吃饭，不信这文化荒漠还能饿死个大学毕业的文化人。"

"回武汉不成吗？"

"不回了，回去能把人憋死！反正，公职也辞了。"

我和卓芳暗吃一惊，想不到过去那个英雄气短，儿女情长的汉子竟然变得如此果决，如此大丈夫了！深圳呵，深圳。你留在他心上的不是斑斑创痕，累累伤痛吗？为何他这样苦恋着你，棒打不回呢？临别，卓芳悄悄塞给我200元钱，叫我给小刘。当夜色中看不清他远去的背影时，我扪心自问，这200元钱算是什么？是安慰他还是安慰我们自己？

小高也回来了。海南风云变幻，他应聘的单位三易其主，因而他不想干，便拂袖而去。他在附近的中山有一族姻亲，几次来电来人催他去中山工作。但朋友们不赞成这样，酒店财务部的小张尤其坚决，这使得他也犹豫起来。退回中山算什么？最后一步何时不能走呢？未经他同意，小张又替他发了应聘信，那是深圳市国际会展中心，令人瞩目的地方。那边对其经历颇为赞赏，可是最终他自己选择了深圳机场，受命筹建采石场。他说："不过是想尝尝创业的苦味。"

我们的圈子又合起来了，仿佛雨前的月晕一样，不再紧缩在小小的侨村，而是张成个大环。生活不再单薄，月晕后那多雨的云层也渐渐积厚了。

卓芳和我有个小小的心愿，就是来这工作数年后再回西安，这倒并非故土难离，主要是父母年迈，想在晚年伴于他们身边。两家老人，戎马倥偬一生，后又同去院校工作，他们身上满布着过去岁月的旧痕。忠厚、朴实、倔强、勇敢，如今老了，却毫不迟疑地容其子女南飞，想到此，心中总有一种深沉的感激和内疚。

中旬，深圳国际艺术节隆重揭幕了，酒店格外忙了起来。美国曼哈顿踢踏舞团、苏联以乌兰诺娃为首的芭蕾艺术团，还有奥地利、印度、扎伊尔，从世界各地赶来的艺术团先后住进了深圳湾酒店。总经理室川流不息，卓芳和几个文员日夜加班，其间，她主办的小报《艺术节快讯》，几乎每一期都被侨村各单位分完，甚至在组委会的记者招待会上，也成为抢手资料。内容风靡各大报之间。

学校里中段考也结束了，我十分愉快地沉浸在教学成绩的期中检验中。儿子也很争气，极为轻松地拿了几个考试满分，被学校评为"六一好孩子"。一切正常，万事合意。卫星进入运行轨道，开始围绕蔚蓝色的地球行进了。我和卓芳感到心中的担子卸下了，轻轻地吐了一口气。

艺术节后两天，卓芳收到了一封从原单位寄来的挂号信，拆开一看，落款处赫然盖着人事处的大印。文中只有简短的两句话："若月底前不回来办离校手续，即按自动离职处理。"我们惶然了。本来寒假时校方是答应让她停薪留职，伺机而调动的。但时隔不足 4 个月，便发来这样一封决绝的公函！

仿佛又一次掉进冰窖，卓芳和我都陷入困扰中。如果不回西安，学校将以自动离职处理，没有单位我们调来深圳便彻底无望；如果回西安，则有可能失去工作。在未调入深圳以前，所有后路或许尽失，这是人生的又一次两难境地。我们打电话和家里联系，他们全都震惊了。卓芳的父亲安慰我们不必为这种"腐朽的部门人才所有制"烦恼，说：北地既失"吾庐"，南国再寻偏安。

5月末，第三号强台风劫后的残迹尚未清毕，卓芳为协调人事手续还是起程返归了。临行前，我默默地替她打点行李，彼此谁也不说一句话。我知道，此一去所有尽失，我们真正成了天涯沦落人。在这陌生的地方，在这地远天荒之处，容我们栖身的只有这一间铁皮房。可是，似乎毋庸置疑，无论如何艰难，我们都选择留下。在这坎坎坷坷，微明微暗的摸索中，我突然懂了：为什么小刘、小高、小川，他们都去而复返，如此执着。中饭以后，我和儿子送卓芳搭车，在侨村路口，她执意不叫我们再送，只接过我手中的包背上，亲亲儿子，便一人往车站走去。

在前行的尽头，可见灰蓝的天空溶于海中，香蕉树在烈日下垂着羽翼，附近工地上的高音喇叭在嘶哑地吼唱。我目送卓芳直到被蕉林遮断，才猛悟过来那喇叭中唱的竟是："我家住在黄土高坡，住在黄……土……高……坡……"

蓦然一瞥

博士教书与太傅育人

贾笑纯

听闻南方有些地方近几年风行博士教书，许多学校纷纷以招到多少个清北的博士为荣，一时间纷纷扰扰，褒者贬者莫衷一是。诚哉善也，这些博士们，少小努力，天资聪慧，一入学门，笃学不倦，终于鱼跃龙门，戴了清华北大的博士桂冠，实乃可喜可贺。

就学历及书本知识而言，清北的博士们堪称人才，因为这二十余年的书不可能白读。于是在政府的报刊上有了这样一句口号，曰："用优秀人才去教育优秀人才。"口号之意非常明显，博士教书，这是优才教育，能够得到博士施教，也是受教者中的优才。此论一出，各校尽出揽才奇招，施大义、绘前程、附厚薪、许宅第，一时蔚然成风。家长们击掌高蹈，相与言快。

这事让我想到了古时"太傅育人"的故事。言及此处，先需要唠叨几句：古代的太傅，据说最早设于周初。那时武王灭商，封了三个大臣，分别领太师、太傅、太保之职。其中那个太傅，就是我们熟知的周公姬旦。这也算是历史上最早的太傅了吧。

姬太傅位列三公，是权重一时之人，除了国事，还有教育成王姬诵的重任。那时姬诵年仅十三，相当于今天七年级的入学年龄，于是用优秀如周公之师教育优秀如成王之徒，七年还政之后，果然成就了社会繁荣昌盛的"成康之治"。

周公教了姬诵什么？我揣摩多为治国、平乱、抚民之法吧。被后人传说的"一沐三握发，一饭三吐哺"的事，其实是对自己儿子伯禽进行的身教，姬诵当时并不知道。可是这样一来，就有家长开始抱怨，说老师给自己的孩子补课，让别人的孩子输在"终点线"，于是就投诉到教育局。看来教师在家为自家儿女补课，周公是带了个坏头。

800年后还有一个太傅贾谊，此人在文帝时做了博士，后来成了长沙王太傅。才调无伦的贾谊，以其优秀人才之资，教育长沙王治国理政，精进学问，堪称"以优秀人才教育优秀人才"，可惜他也有犯错误的时候，比如安全教育不上心，让可能成为太子的"优才"从马上摔下，酿成恶性交通事故。这件事一直作为反面教材留在今天高中的语文教辅里，让我们警觉安全教育的重要性。

清北的博士们固然优秀，且不输于当时的两位太傅，但优秀不等于没毛病。周公旦私自补课、贾太傅轻于安全，这都是历史留给我们的惨痛教训，今天的博士是否也应引以为戒？有一年，我在某高中听一堂语文课，是一位新招博士在讲屈原的《离骚》。开讲后先是进行语文知识学习，就有学生按老师提问回答屈原为何取得那么高的文学成就。学生说：屈原出身贫寒，从小矢志读书，寒窗苦读，终成翘楚。博士老师赞曰：很好，这位同学准备得很充分，我们也要学习屈原贫穷不可夺志的精神。这让我们在后面听课的人大惊失色。教了几十年书，屈原何时成了贫苦励志的典范？照此去教，《离骚》开篇第一句"帝高阳之苗裔兮，朕皇考曰伯庸"就讲不下去。因为这里的"高阳苗裔"是五帝之后，而他父亲（皇考）的祖上，是楚武王的后代，原为芈姓，乃楚国贵族三姓之一。少年屈原受如此良好教育，何来贫苦一说？这和诗里戴高帽、穿奇服、配长铗的资产阶级做派也不相符啊，显然这堂课是博士误人。

一堂课的错误当然不能否定博士，就像补课不能否定周公，学生出事不能否定贾谊一样。问题是博士这类优秀人才，不去深研学问，破解课题，到中小学教书出错真的好吗？如果因为是博士就一定"优才"，那么全国99.9%的中小学教师没有博士学位，因而不是"优才"，那么我们每年评的"十佳""年度"又算什么？更何况，博士这些"优秀人才"，当时又是什么人培养出来的呢，这难道不是悖论？

我们大多数在职的老师，因为不算"优秀人才"，因此评职称需要排队。虽然这个职称并不能对应水平，却对应薪酬，这是我们"平庸之辈"关心的切身问题。可是"优才"们的到来，按照政府文件规定，两年之后就可插队获取职称。如此一来，老教师延缓评聘，教师管理的常态岂非被"吹皱一池春水"？沉舟侧目看白帆，病树枝旁妒新芽，学校必是一番闹哄哄景象。

这还不算什么，因为社会竞争如此，此乃丛林法则。一般而言，高学历自然就有知识优势。可是能力可以和学历画等号吗？比如胡适博士留学美国，陈独秀却被日本大学除名，二人都对新文化运动有贡献。但要评聘职称，估计今天胡博士就要插队到陈学长前面。这难道不是历史向今天的相关部门提的醒吗？

博士，特别是清北的博士，由于所学的基本都是学科知识，在这个领域称得上是高精尖人才。但是在基础教学领域，他们往往缺少相应的专业学习，如教学论、课程论、心理学、教育学等，特别是大多数人没有教师的上岗证（即教师资格证书）。如果按照所谓先招来再去考证的说法，那究竟是谁在违背教师法？何况，清北的博士干嘛要弃长而取短，做自己不熟悉的事情呢？难不成还会有其他打算？（确实有一个集团学校招了6名博士，刚一开学就走了3人）

博士教书其实和太傅育人并不一样，太傅教的主要是皇子皇孙，那些都是可以成龙的"优秀人才"。而家长们望子成龙，其心也可以理解。不过所托之人仅仅只是博士，教你孩子成龙比太傅还差太远。因此如何认识"优秀人才"，还请三思。

依法施教，鉴古知今

贾笑纯

　　《吕氏春秋》洋洋二十万言，早已读过即忘。不期前几日重读此书，翻到《察微》篇，竟被一则故事触动。说的是鲁国有法：鲁人在外为奴，有人能为其赎身的，就可以到财务处会计那里去报销赎金。孔子的弟子子贡是个品质高洁之人，估计家境也还过得去，路过他国赎了个奴隶，回来却不去报销。由此如今天的无名英雄或"年度教师"一样，受到有关方面认可，光环加身。可是他的老师孔子不愿意了，说他只顾标榜自己，带了别人无法学习的头：不守成法，赎人而不取钱，将来谁还赎人呢？

　　故事让我联想到政令与法的关系问题。这里的政令，就是现代政府包括其派出机构教育局颁发的种种文件规定（当然包括对子贡们的表彰文件）。这里的法，其本意则是以权利与义务为主要内容，由国家强制力保证实施的社会行为规范及相应的规范性文件。"察微"篇里所说的鲁国之法，其性质相当于对上述法的基本解释。所以赎人而不去财务处报销，子贡就算当了"十佳"，因为带头违法，不合公序良俗，恐怕最后还是要被追究。

　　暑假前，看到某市教育局《关于做好小学生暑期托管服务的通知》，提出为解决小学生暑期看护难的问题，要求选择试点学校，采取学生自愿报名，学校合理安排服务，教师作为志愿者，吸收社会力量及退休教师参与，解决暑期"活兽"们按天性撒野的问题。政令一出，反映不一。愿意退出家庭教育之责的家长拍手叫好，想去那么大的世界带孩子看看的家长左右为难，少数在社会上、家庭里没事的家长愿当义工，还有部分社会人士和退休教师可以为此多少得些报酬。作为在职的老师，虽然失去休息的时间，也没必要担心。因为文件规定，托管学生一则是靠自愿，二则暑期作业或许在实施中也能捎带完成，免去临近开学，孩子们秉烛夜抄，胡乱应付的尴尬。

依此政令，施令者和领令者各司其职，家长和孩子各取所需，本是皆大欢喜之事。可是谁知通知里又加了这样一句话："对自愿参与的教师应给予适当补助，并将志愿服务表现作为评优评先的重要参考。"这样一来，志愿成了驱使，犹如狗驱群羊，除非不要优秀，哪个老师还敢不舍身自愿？

政令如山，法乎何顾？《中华人民共和国教师法》第7条第4款规定：教师应按时获取工资报酬，享受国家规定的福利待遇以及寒暑假期的带薪休假。教师依法休假，本来就不是个应该拿来讨论的事。可是上述政令规定，你不做志愿者，就会失去评优评先的"重要依据"，这就让人匪夷所思了。似乎教师在一个学年里兢兢业业地工作，并不能决定你是不是优秀教师，因为那个不是重要依据，你依法享受寒暑假，代价就是失去"重要依据"。政令如山，法乎何顾？法乎何顾！

其实暑期托管，本质上讲，是一种和教育相关联的社会新业态，核心要符合宪法规定的"责权利"统一原则。说到底，家长因工作或其他原因要委托别人看管教育自己的孩子，在学校，特别是义务教育阶段，你就要缴纳教育税；在学校之外，不属于教育税涉及范围，你于法是要有另外付出的。为你托管孩子的单位、人员，于法也是要收取劳务费的，这就是"责权利"的统一。如果一味地要求教师品性高洁，如子贡一样赎人而不去财务处报销，这样的结果其实就是悖法，只能如孔子所说"取其金则无损于行，不取其金则不复赎人矣"。到时候这纸政令会不会无疾而终，志愿者是否永在也未可知。

这个故事结尾有个光明尾巴，讲子贡听了孔子的话，决心改正前面的做法，一日郊游，看见路旁水塘里有小学生溺水。当时应该也是暑假，学校缺少安全教育，孩子们做完作业，相约戏水，不慎一子失足滑入深水区。说时迟那时快，子贡不遑多想，撩起衣裾，穿着草鞋便跃入水塘，将这名小学生救上岸来。孩子家长知道后，心想："这不仅是见义勇为之事，也是替我担责（救不活有可能被碰瓷）、替我用权（严禁自己孩子戏水本来是家长的权利），责权都被这个大学生模样的人占了，唯独还有利没有兑现。按照法律要求，我必须出点什么，以保全'责权利'统一的神圣规定。"想罢环顾周身，竟没有几个环币或布币或刀币。回顾恰好看到身后牵着一头水牛，于是"拜之以牛"，送出了农民视若生命一样的东西，做了严格依法要做的事。子贡此时再也不想什么评优评先的虚事了，欣欣然"受之"。回去见了孔子，孔子曰："鲁人必拯溺者矣。"

讲了一堆古人的故事，于今人是否有益还真不知道，但政令之颁布，要于法有据，应该是今人要遵循的。何况好的政令会使事情向好的方面发展，对社会有益。毕竟法治社会建设，我们都是参与者。

师者何以枉道而从势

贾笑纯

    特区教育粗算起来已历经四十余年，从当年简陋的乡村教育发展到今天的现代化教育，经历了由穷及达的迅变过程。教育之势浩浩荡荡，展现一片辉煌。可惜的是在这一片辉煌中，有些当教师的却被光芒眯了眼，从流飘荡，不辨东西。

    举例来说吧，前两年网曝的某区"美女校长"，就是这一类人物。此人来到深圳，一路读书教书，或许也有过"从穷到达"的基本过程。只是突然荣誉加身之后，一系列国家、省、市、区的奖项晃得她眼晕，于是背道而行，贪利贪钱，偏了正路，终因逐利而陷身。

    无独有偶，最近又见一位"美女校长"。此人原本也是一名教师，能言善教，甫一提拔校长，便不走正道，上任不足两月，就在教师群里招呼大家支持她参评特级教师。工作尚未有头绪，师生尚不及熟悉，一盘就势而上的名利大棋便开始落子布局。且不论此人学养如何，能力怎样，一系列荣誉桂冠是否会晃得眼晕，单从这一逐名逐利的举动，我们是否就该怀疑她是不是也会背道而行？

    除了美女校长、美女老师，还有部分"俊男校长""俊男老师"，他们每年或争优秀名誉，或逐十佳衔头，或巧言令色，以博"年度教师"称号，或抄袭剽窃，以积职称评聘资格，更有甚者，个别人还要上达权势，暗通款曲，恩及部属，施惠同侪，其目的无非都是指向名利。

这些枉道从势的恶举，若单单只是怪罪这些教育人也实属不公。20年前我曾说过：教育界几乎就是一个颁奖大户与得奖大户的强强联合。遍观社会上百工百业，没有一个业界如此这般热衷于颁奖得奖。

如果通过大规模颁奖、获奖真能扶正教育，让工作一路高歌猛进，家长学生箪食壶浆以迎，社会上科技发达、文化进步、文明昭然，那当然继续编织这张网格也无可厚非。可惜这些情景于今并未出现，不得不说是一种遗憾。

深圳确实做了不少教育方面的功德之事，例如课改、文化建校、学科教育、培养学生素养。孟子说：好善而忘势。这里的善，就是正确之道，于深圳教育而言，就是尊重教育规律；而要忘的势，放在这里讲，就是不要随波逐流，一哄而上。因为歪曲教育规律的"道"，那是"枉道"，而无视那些庸俗，淡泊名利，则为"忘势"。对错分明，师者应心中自有思量。

对少部分教育人来说，"穷则以道而自重，达则枉道而从势"应是一种分裂的人格。读了书，做了后学者的先生，当上了先生们的校长，本来应该以道而自重，却丢失了自尊，枉道而从势，既是内心不洁净的反映，也必自毁声名。

弹簧韧性与金属疲劳

贾笑纯

记得清楚，过去学唱过一首咏弹簧的儿歌，歌词如下："困难像弹簧，看你强不强，你强它就弱，你弱它就强。"当时年及垂髫，懵懂未开，只是随口唱唱而已。

上大学后，材料学课上听过金属疲劳机理，才明白强韧如弹簧的钢铁，也有疲劳的界限，当交变载荷大于金属应力时，就会产生疲劳或断裂。当然，金属应力大于交变载荷，那弹簧还是可以一展其志，"你强它就弱，你弱它就强"的。后一种现象，我们称其为"弹性"。

弹性不一定只存在于金属，其他非金属材料也有。不光如此，我们生活中也有此类现象，虽然物理性状不同，但性质可以类比。比如"弹性坐班"。

"弹性坐班"往往适合那些性质偏于个体劳动的工作岗位。例如电视剧《对你的爱很美》中的"王大山牛肉面馆"，关门开门可以视行情而变。还有一些IT业的男女，抱着电脑只管昼伏夜出。大学老师一般也可以"弹性坐班"，半是科研半是教学，工作像弹簧一样此起彼伏。中小学教师当时是不能如此的，原因当然是学生太小，中学生虽然大点，按心理学的说法，心智也不太成熟，所以还需"看着点"。

大家知道，这个暑假教育有些乱纷纷，一如城外开来了司马的兵，各项政令、文件、网络消息"旌旗招展、漫天飞舞"。其中之一就是因教师"5＋2"延时服务，工作量骤增。作为补偿，教育部决定9月1日起，中小学教师可以"弹性坐班"。

弹性坐班是一件好事情，但真不一定适合中小学教师。尤其在深圳，高中生基本都是住校，本就无所谓有没有"5＋2"，学校早已形成从早到晚的流水规律。而初中小学，这件事可就不好落实了。先不说教师们原有的时间布局会被搅得七零八落，就是同为教师，普通教师与班主任也不好平衡。在学校基层工作的人都知道，班主任工作很重要也很繁琐。之前我们调查了市属二十余所学校，和数百位班主任进行了座谈。结果是参加座谈的教师，如果不是为评职称，90％左右的人是不愿当班主任的（当然，一旦当了班主任，几乎所有人都会兢兢业业地去做）。为什么会这样呢？教师们说：班主任工作性质是权利无限小、责任无限大。这个主任是天下最小的主任，但责任关系到学生的方方面面，谁敢放下那颗紧绷的心？其二是任务无边界，时间无边界。几乎所有参加座谈会的教师都说，班主任工作量过大，任务琐碎庞杂，没有一个学校明确过班主任的工作量和工作内容清单。有老师将自己的一日工作做了归纳：

上午

6:20起床、看手机，确认是否有家长半夜留言，学校是否有最新通知；洗漱；为孩子、家人准备早餐。

7:00前出门，7:20到校（路远要提前出门）；找早到的学生了解昨天的家庭作业情况，给班干部交代事情。

7:30到班，协助科任教师看班，防止学生抄作业。

7:50下早读，吃早餐，准备上课（班主任多为主课老师，1、2节常有课）

8:00—9:10上课，两个班下课后10:00回到办公室。（小学班主任要留在教室改作业）

10:00之后，看手机，回复家长信息或电话。（普遍占据班主任40～60分钟时间）

11:00 处理学校防疫、班级管理及学生部分问题。（有时间则改作业）

12:00 吃午饭。（小学班主任组织学生吃午饭）

12:30 到班看午休。（中学班主任看午读或午休）

下午

13:10 回办公室休息。处理遗留工作，特别是处理家长的信息。

13:45 回班，看写字课 15～30 分钟。

14:30 回办公室，看手机，明确学生处当天的工作要求及未处理完的家长回复或防疫等工作。

15:10 后，争取改作业或备课。（其间常有学校、学生、家长问题要处理）

15:55 班级作业指导课（小学），与学生干部、个别学生谈话，解决班上突发的问题，有时还要做学生思想工作。

16:30 带班进行阳光体育活动（如遇运动会、艺术节、科技节、英语周等，班主任更是身兼数职，滞留操场，疲惫不堪）。此外，还要参加每周的班主任会、备课组会、教研会、学校大会等。

17:00 以后，如没有会议，则独自打扫教室卫生（小学），参与打扫教室卫生（中学），检查学生离校。（如果学生放学不回家，还要为家长查看录像等解决问题）

18:10—19:00 学校没有学生后，批改作业。

19:00—20:00 为家庭准备晚饭（多数另一半做）或洗锅碗。

20:00—22:00 辅导孩子作业、洗漱、睡觉，回复家长电话或短信（有时会有多个家长的询问）

22:00：备课，学习，其间仍有多位家长询问自己孩子情况。

23:30—24:00 睡觉前，还有家长嘱咐明天代住校孩子取快递等一些生活上的事。

24:00 再看一遍手机，确认学校通知和家长问询。

我的天哪！这样的工作虽不似劈山开路，但真真是琐碎到无法享受弹性。如若你要弹性几小时，那堆积的工作就不啻大于金属压力的交变载荷，其结果不是金属疲劳就是断裂。即便你有弹簧韧性，无奈力不从心，也无法抗压。

班主任失去弹性，其他教师日子也便难过。你总不能老是自己弹性，让别人去断裂吧？何况将来谁还愿去实验那些交变载荷呢！校长们闻此，恐怕也要焦虑自己的金属压力系数，因为人心散了，队伍就不好带了。

弹性坐班是好事，但不实际。"5＋2"是好事，也不实际。弹簧之志可敬，但要顾及金属疲劳，因为断裂会酿成事故。

钟表之摆

贾笑纯

现在许多事务就像一个钟摆，忽左忽右，靠重力势能和动能相互转化。举个教育的例子，如果在历史的长河中忽略时间差，那教育无论摆幅大小，都可以粗略地说它具有伽利略发现的"钟摆等时性"。

我们知道，教育摆来摆去，只不过是一个过程，其目的是培养人才。就是说，教育摆动的终极目标是人才培养结果的实现。既然如此，那教育就没有不摆动起来的道理。这件事自古使然。

听说夏末商初，改变了禅让制，开始世袭，除了王，各级官员也有样学样，实行"世卿世禄制"。于是教育就变了摆动方向，老百姓被"毁乡校"，王的儿子却上私塾，例如周公旦，就给武王的儿子当太傅。

可是王公大臣的儿子并不个个争气，教育再怎么开小灶，他们就是学不会。终是治国不能专靠蠢材，到了春秋战国，就只好让教育的钟摆再摆回来，将培养选拔又拾了起来。例如"军国民教育"后出现的军功爵制度，让教育重视培养才干。有些王亲国戚，还兴起"养士"之风，虽说和"禅让制"有量的不同，但摆的方向一致。

到了汉朝，那个出身泼皮的刘亭长，以天子之尊，于公元前196年下"求贤诏"，让推荐"工农兵"治国。那时由于选官制度不系统，有些人才短缺，于是各地教育又开始重视基层人才培养。从汉文帝始，国家完善了"察举制"，其中加入了考试环节，做官要靠好成绩，这是入选政府公职人员的重要选拔标准。而一经考试，教育就向单纯推荐的反向摆动了。

不过受动能和势能的制约，察举制影响教育的摆幅并不大，因为考试的科目除了茂才（秀才）之类，最重要的还是孝廉。也就是以德为主，孝廉方正，品德大过学问，和推荐制差不多，只是少不了要看门第出身、亲疏远近。品德依据变了味，又因考试这一因素介入，所以教育的钟摆摆过去也只有一丢丢。

汉末门阀士族崛起，地主阶级左右乡间舆论，察举制变了初衷，教育的固有模式作用式微，于是又开始向回摆。那时曹阿瞒的儿子曹丕执政，不满这些做法，就接受陈群的建议，搞了个九品中正制，发了许多表格，让各地方学子都填报登记，分别品第，再由各类中正官写评语，最后交由大中正评选。

其实大家都知道，这样选拔人才，好处自然是抑制了地主阶级的势力膨胀，坏处是评语也有公正与否的问题。所以到最后，经过了漫漫魏晋南北朝，九品中正制变得上品无寒门、下品无士族。上级的眼里只是"公门有公，卿门有卿"，教育缺了动能和势能，再向推荐制靠也没用，于是只有向回摆。

其后纷乱了 400 年，隋文帝以高颎为相，形成"杨高体制"。这俩人锐意改革，凡兵制、法律、教育、水利都做了大的变动。比如教育，崇儒兴学，办学校、立制度，要求对在校生勤训导、严考课，并实行科举制。科举制对于之前在推荐制中加入些考试成分的小打小闹，算是教育钟摆的一次大摆动，其势能和动能确实不小，以至后面的唐宋元明清基本都沿循了这一教育思路。

鸦片战争之后，教育的摆动有了新变化。除了在推荐与科举之间摆动外，其动能和势能中又加入了西方教育与东方教育的力量。例如魏源、龚自珍一类人，就倡导论学要以"经世致用"为宗旨，要学习西方科学技术，"师夷长技以制夷"。后来太平天国的洪仁玕，更是删古书、改六经、变学制、兴义学，甚至计划设立实业学校、武备学校和海军学校，追求政治、经济、男女、民族四大平等。这个摆动之大甚至让教育有些头晕。当然后来事与愿违，曾国藩代表本土知识阶层，借用洋枪洋炮，又让教育之摆回归了正统。

自民国以来一百余年，教育不停地在推荐、科举、西方、东方四股势力间来回摆动，由于时间较近，就不举例说明了。

问题是来到21世纪20年代初，教育之摆又摇晃得让人头晕。首先表现在摆动的频次方面，以前数百年一次的摆动到了近代几乎是几十年一摆甚至是几年一摆。像20世纪六七十年代的推荐制和改革开放后的高考制就是证明。这还不算，教育体制、教育理念的层出不穷，又给摆动增添了新的能量。比如一会儿在体制上摆向六三学制，一会儿又去试点五四学制；一会儿教育要重视德智体美劳，一会儿却只提德智体；一会儿不屑将法治、环保纳入学校课程，一会儿又大力提倡这些不可或缺的内容；一会儿鼓励民办教育，一会儿限制民办教育；一会儿各类补习风起云涌，一会儿严格管控课外补习；一会儿强调多元办学，一会儿大力实施集团教育；一会儿弘扬传统文化，三字经、弟子规的嗡嗡之声响遍校园，一会儿大谈国际教育，复活节、圣诞节的叮咚之音划破夜空。有些城市不顾本土教育财富，非要大肆引进外国外省的商标进行教育贴牌。凡此种种，不论对错，教育之摆越来越快应该是不争的事实。其实在我看来，这些无非缺少教育自信或文化自信的表现，改得对也罢、错也罢，都像是在高速路上开车，只管不停变道，到达终点的时间不一定就比其他车快。

教育如果是一架古老的挂钟，摆在别墅大屋里倒也算气派，因为可以当古董鉴赏。只是总是摆来摆去，看着头晕不算，还不知今后会摆向哪里？

还不如像今天平民百姓家里，墙上挂一个电子钟，它不用摆来摆去，却会一直向前走。其实电子钟也可能是一个喻示：教育之摆只有数字科技才能终止，只有智慧教育才有未来。

浅草——虽然季节不对

贾笑纯

在暑假，读了朋友的一首春天的诗——《浅草》。诗是这样写的：

　　　　你的犹豫很多

　　　　春天的草也很多

　　　　不变的是风

　　　　不变的是季节

　　　　不变的是寻觅

　　　　你总是在找着什么

　　　　找得好累好累

　　　　便想为轻松找个借口

　　　　找到的却只是

　　　　你的……灵魂

　　　　而灵魂依然犹豫

　　　　而春天的草

　　　　依然很多很多

虽然读的是一首春天的诗，现在却是夏季，季节不对。可不对的季节仍然有很多犹豫，就像夏天也有许多草一样。夏天的很多犹豫，不是因为这个季节的草多，而是缘于这个夏季的事特别多。

8月看到一篇新闻，是某市为中小学教师减负出台的十项规定，当然，新闻后面还附了文件原文。看到这样的规定，我们教育人应该是万分高兴的。文件中的规定确实也顾及了我们这些日出而作，日落而息的教书匠（别名是灵魂工程师）。可是这样的减负文件，怎么看都觉得不太是那么回事。就像是寻觅，在字里字外找得好累好累，想要去寻得减负后的轻松，找到的却只是——依旧。

例如第一条，核心是说未按程序审批或未列入清单管理的社会事务，一律不得进校园。什么意思呢？这是说教育业务性质之外的督查、检查、评比、考核、资质评定、等级和技术考核太多，这些要严格管理，不能给中小学教师增加负担。乍看此条，确实很好。可细细一想，这里起码有两个问题：其一，当前学校哪些算是教育业务性质之外的事呢？学校目前接受的督查，由人民政府督导室实施，它的办公地点和管理都在教育局，当然不属于教育业务性质之外。其他督查呢？我知道的有安全性质的，如食品安全、防火安全、防疫安全、防危房坍塌、防化学品泄漏、防运动损伤、防校园暴力等，哪些算是教育业务性质之内，哪些又是教育业务性质之外呢？除此之外，还有法治教育学校评比、环境教育学校评比、艺术教育学校评比、体育特色学校评比、足球特色学校评比等，还有每年教师的评优评先、职称评聘，凡此种种，不要说我们在夏季为此"找得好累好累"，估计行文的上级部门也不会轻松。因为我们还没找到要剪去的草，而草就因夏季越长越多。（是季节不对吗？）其二，除了这些草长莺飞带来的犹豫之外，学校里许多督查、检查、评比、考核都是教育行政部门"按程序审批或列入管理清单"的工作，因而是不能减去的。可这些是教师负担的大头，比如评比，哪个学校暑假前最后一周不是让教师集中来做这件事？一个学年的工作，无非教育教学，评比却如百草丛生，各类种、属、科，名目繁多。而且学校犹如春天的花园，教师工作类别不同，自是桃红杏白，如果杏花不如桃花红，桃花不如杏花白，岂非争得"满面涨做杨妃红"（鲁迅语）？如是这般，教师负担未减，反而年年平添了

"犹豫"。

减负的话题说了几十年也找了几十年，教育依然是"好累好累"，我认为，还是要按规律和常理办事，少一些文件，多一些措施，实践中抓大放小，抓核心放一般，尝试一下"八零二零"理论，也许会有意想不到的效果。

好课无标准

张　勇[*]

　　听过的课，有两堂给我留下了很深的印象。一堂是小学二年级的语文课"小壁虎借尾巴"。老师讲完"黄牛"后，向学生展示了一幅自己创作的画，指着上面的"黄牛"问学生这是什么牛。令她意外而又难堪的是，叫起来的几个学生都回答说是"黑牛"。由于事先没有做准备，学生又一再坚持说是"黑牛"，这个教师顿时乱了方寸，不知该如何应对为好。自然，这堂课最终上得不理想。原因何在？不是"黑牛"的意外出现，也不是学生的不听话，而是教师那种死板的教学模式束缚了她的自由发挥，是她在备课的时候没有充分考虑到课堂上可能出现的变数，加上自己又缺乏随机应变的能力。她把学生当成机器，把教学当成了操纵机器的过程，当机器一旦出现故障时，她自然也就没了辙。

　　另外一堂课是小学五年级的语文课"琥珀"，执教的是一位中年男教师。这教师上课的教具很简单，没有太多的现代化设备。他讲课显得很随意，很轻松，没有什么套路，看起来不像是在上公开课，倒像是在与学生聊天，拉家常。学生不时地提出各种问题，而他也不紧不

＊　张勇，江西大学文学学士，华中师范大学教育硕士，悉尼大学访问学者，深圳市罗湖区教育局专职督学。

慢地或是跟学生交流，或是让学生讨论。每一个问题，他好像都没有准备过，但都能巧妙地予以解决。整堂课给人的感觉是教师在跟着学生走，而不是学生跟着教师走。不管别人对这堂课的评价如何，我倒觉得这是我听过的最有感染力的一堂课。

怎样的课才算一堂好课？按照目前的要求，好课是有标准的，而且是非常严格的标准。如一堂语文课，从内容上说，要有教学目标、教学重点、教学难点、教学用具；从结构上说，要有导入、复习、过渡、经过、总结、练习；从步骤上说，要有老师讲、学生读、老师问、学生答，还要有学生个别读、小组读、齐声读；在教具运用上，要有录音机、幻灯机、电视机、电脑等多媒体辅助教学。这些内容和步骤缺一不可，否则就不是一堂完整的课。更为严格的是，这些内容和步骤都有一定的时间限制，什么时候该做什么，什么内容占多久时间，前半堂课做什么，后半堂课做什么，老师要读多少遍，学生要读多少遍……总之，一堂课就像是工厂车间里的一条生产流水线。而所谓的一堂"好课"，就是一条在任何环节、任何时候都不出差错的滴水不漏的生产流水线。

这样的"好课"在教学实际中有没有？肯定有，一些老师为了上出一堂这样的课，不厌其烦地操练上十几遍、几十遍，最终确实达到了炉火纯青、滴水不漏的地步。有的教师也就靠这一节课而出了名，成为名优教师、骨干教师。然而我敢说，这样的课不是"课"，而是一道工序，一道加工产品的工序，按部就班，没有半点感染力。别说学生不感兴趣，就是教师自己也会觉得索然无味。这样的课有一个最大的弱点，就是怕课堂上出问题，怕事先准备好的东西突然忘记了，怕学生不按照自己设计好的路线走，就像前面提到的那堂"小壁虎借尾巴"，万一出现意外，辛辛苦苦准备好的一堂课就砸锅了。

教学是一门艺术，艺术就贵在创造，贵在新颖。教学不是一道工序，不能那么死板，那么程序化。所谓的"教无定法"讲的就是这个道理。现在的课最大的弊端就在于没有把学生放在"主体"地位，教师的"教"与学生的"学"相脱节。教师备课时考虑最多的是我该怎么教，而没有考虑学生会怎么学，这是完全本末倒置的。教学，首先要研究学生。教师面对的是一个个活泼可爱的学生，每个学生都会有自己的思想，有自己的个性和习惯。只有研究透了学生，掌握了学生的心理特点和学习规律，才有可能对学生进行因材施教。在教学过程中，学生是主体，教师要根据学生的特点，根据课堂出现的具体情况，随时调整自己的教学节奏。教学是门艺术，教学的过程是艺术创造的过程，而不是按图纸施工的过程。课堂教学中充满了各种变数，随时会出现新问题。一个优秀的教师应该具有一定的应变能力对有些问题要有预见性，而对一些预料之外的情况则要能灵活处理。如果按照固定的模式、固定的步骤去上课，那就不是教学，而是表演了。从这个意义上说，好课是没有标准的，是千姿百态的，是随时都有变化、都有创新的。那种把教学当成一道工序的，把活的、艺术的东西当成一块木头切成一块块来评价的，把学生当成一个个容器往里面灌东西的落后的教学思想和教学方法，应该彻底改变了。

怎样"培养"傻瓜

张　勇

　　傻瓜需要培养，这恐怕是很多人没有想到的，然而事实的确如此。天生的傻瓜不是没有，而是很少很少。傻瓜也不是后天自然形成的，而是需要大人从小就培养，并且有一整套培养方法。我从生活中归纳出了几个方法，供那些想将自己孩子培养成傻瓜的家长参考。

　　当孩子考不出好成绩时，你狠狠地训斥他，大声地讥笑他。你不要以为孩子每次成绩都好，这次不好，就不怎么在意。你要毫不留情地批评他，不要让他觉得这是可以原谅的。你不要相信孩子摆出的种种理由，更不要费心地去帮他分析种种原因，甚至不要给他坐下来好好反思的机会！你可以对孩子说：上次考了98分，这次为何就不能考98分？不，要考99分，考100分！你还可以大声讥笑孩子是傻瓜，是笨蛋，是世界上最蠢的猪。教育心理学研究表明：经常骂孩子是傻瓜，孩子长大以后，就算不是傻瓜也会变成傻瓜。

　　当孩子的观点与你不同时，你必须马上制止他。你的孩子必须绝对听话，你说一他不能二，你说东他不能西。孩子必须毫不含糊地按照你的意愿去思想，去行动。如果他发表与你不同的观点，可千万不能依他，因为这很可能会使他形成自己的个性。而一旦形成自己的个性，你要操纵他的思想与行动，便会很困难了。你要尽量让他知道：一切必须听从大人安排，事事循规蹈矩。喜欢胡思乱想、自作主张的孩子不是好孩子。如果孩子向你提出一连串的"为什么"，你必须制止他，并告诉他这些问题并不是小孩子需要考虑的。

当孩子在家里乱涂乱画时，你要狠狠地揍他。你家里的东西是那样的珍贵，怎么能让孩子涂得乱七八糟呢？你要把孩子涂涂画画的东西统统擦掉，把孩子"作画"的工具扔得越远越好。你要警告他：爸爸妈妈不是要你做画家，不许你把柜子当画板，以后再乱涂乱画就打你的手！要知道，爱乱涂乱画的孩子，脑子里总是有很多稀奇古怪的东西，长大以后会变得好幻想，不现实，而父母无疑又要为他多操一份心。

当孩子不想劳动时，你千万不要逼他。劳动多辛苦啊，自己以前为了生活，为了混出点名堂，才拼命劳动。如今什么都有了，吃穿不用愁了，何必还要让自己的宝贝疙瘩去劳动呢？家里的活，你们夫妻全包得了，不要让孩子沾边；早上起床，你要为孩子叠好被子，打好洗脸水，盛好饭；临出门时，你要为孩子收拾好书包，扣好衣扣……哦，对了，如果孩子嫌书包太沉，不愿背，你最好替他背到学校门口。要是孩子寄宿在学校而又不会自己洗衣服怎么办呢？别担心，你让他多带些衣服换着穿，等一个星期或者半个月以后带回家，再由你一次性处理。总之，你要尽量为孩子考虑周到点，别把孩子娇嫩的身子弄坏了。否则，你也太对不起这个宝贝疙瘩了。

当孩子与别人打架时，你要坚决地站在孩子一边，甚至还可以帮孩子回击。要让孩子知道，无论何时何地，他永远是正确的，谁也不能欺负他。要从小帮孩子树立"老子天下第一"的思想，要让他瞧不起世界上所有人，觉得真理就掌握在他一个人手里。这样一来，他就不再知道世界上有真、善、美与假、恶、丑之分了，不再知道哪些事情该做与不该做了。当然，也就更不会知道犯了法要坐牢要杀头了。想想看，还有什么傻瓜会比这更傻呢？

培养傻瓜的方法有很多，这里不过略举一二。掌握这些方法并不难，你不用费多少心思就可以做到。也许在有意无意中，你已经做到了。有兴趣的家长，不妨照此去做，保证你的孩子将来会成为一个合格的傻瓜。

　　当然，万一有些家长不愿这样做，而是要反其道而行之，则结果将正好相反。

教育，要悟透"真"字

张 勇

　　叶圣陶老先生有句名言："千教万教，教人求真；千学万学，学做真人。"这句话包含着关于教育的深刻道理，值得我们每一个教师好好琢磨。只有把"真"字悟透，才能理解叶老先生的心事，才能将教师这份工作做好。在我看来，"真"就是规律，是本质，是学生自然天成的成长规律，是教师求真务实的工作作风，更是教师言传身教的示范效应。

　　先说说学生成长规律。人之初，性本善。人的天性是善良的，教师的职责就是要引导学生极大地发扬善良的天性，抵制丑恶的诱惑和侵蚀，做本真善良的人，做对社会有用的人，也就是"真人"。教师要以无私的爱，去唤醒学生善良的天性，去关心、呵护每一个可爱的学生，保障他们健康快乐成长。教师还要知道，学生的成长是有阶段性的，学生的个性是有差异的，学生的潜能是不可估量的。我们要尊重学生的身心发展规律，在不同阶段采取不同的教育方法，因势利导；我们要尊重学生的个性差异，关注学生的不同需求，因材施教；我们要创造良好的条件，挖掘学生潜能，培养学生的创新和创造能力。

　　再说说教师工作作风。我们常说做事要脚踏实地，实事求是，做教育尤其如此。教师要按照教育的规律实实在在地做好每一件事，上好每一节课，教好每一个学生。教师的工作最怕三点：浮躁、虚夸、功利，沾上这其中任何一点，都无法做好教师。一段时期以来，教育的浮躁很严重，有些人等不了"百年树人"，总想走捷径，急于求成，把百年大业缩在一两年内完成。于是乎，这个"天才班"、那个"速成班"层出不穷，结果当然是揠苗助长，适得其反；还有些人喜欢虚夸，喜欢标新立异，玩概念，你推出这个"教学法"，我推出那个"反馈法"；你说课堂应该"以生为本"，我说要"以学为本"，他又说要"以习为本"，好不热闹。但搞来搞去，不但无法超过几千年前孔子的"因材施教""启发诱导""举一反三"教育思想，还把教育的本真丢掉了；至于还有人带着功利目的搞教育，那就更要命了。有人把教师比作蜡烛，这非常形象地揭示了教育者的职责是奉献。如果带着功利的目的，那教育就不是为了学生，而是为了自己。最典型的例子莫过于应试教育了。教师教学生，不是为了学生的全面发展，而是为了班级升学率，为了教师个人得失，为了学校局部利益。这样搞教育，那纯粹是害学生！

最后说说教师示范作用。孔子说过，"其身正，不令而行；其身不正，虽令不从"，"己所不欲，勿施于人"。这些话，可以说把教师的本质特征说透了。我们要求学生做到的，教师自己首先要做到；我们要求学生做"真人"，教师自己首先要做"真人"，道理就这么简单！那么，教师的示范如何体现？主要体现在职业道德、专业发展和言行举止方面。选择做教师，就要遵守教师的职业道德，就要爱学生，爱教育，就要忠于职守，无私奉献；选择做教师，就要不断学习，不断提高专业水平，不断接受新时代的挑战，将最新的思想和知识传授给学生；选择做教师，就要有高尚的道德情操和高雅的言行举止，处处严格要求自己，处处做学生的榜样。一句话，只有高尚的人才配做教师，才能培育出高尚的学生！

教育，要悟透"真"字：明白何为"真"，方可"求真"；自己做"真人"，才能教学生做"真人"，这就是教育的本质属性。求真务实，言传身教，这是对每一个教师的基本要求。套用陶行知老先生的话，我认为：

千教万教，不可乱教；千学万学，自己先学！

睹近思远

关于集团办学、合作办学的调研报告

贾笑纯　郑秉捷* 　田介成　苏子涵**

2016 年 9 月，深圳市人民督导室责成市属学校责任督学组对市属 17 所学校及部分区属相关学校开展集团办学及合作办学的调查，主要内容为征集办学一线的校长、教师对此问题的看法。在此次调研活动中，督学们先后召开座谈会 17 次，参加座谈的校长、中层干部、教师 207 人，个别访谈教师、学校领导、家长 34 人次，另与广州市黄埔新区领导、人大代表和两所高中学校师生座谈 4 次，参加人员 47 人。共收集样本数 288 份。其间重点调查了深圳市集团办学的历史与现状，集团办学、合作办学的利弊，当前此类办学的发展趋势等。现将调查情况归纳如下。

一、集团办学、合作办学的历史与现状

深圳市集团办学肇始于南山区蛇口招商局的育才学校。该校成立于 2003 年 4 月，是广东省第一所以公办学校为主体，实行"一级法人，两级管理"办学模式的集团化学校，现有育才中学、育才二中、

---

* 　郑秉捷，广东省英语特级教师。深圳市南山区外语学校（集团）原总校长，现为深圳市责任督学、深圳大学英语学科硕士研究生导师、深圳市教育学会学术委员会委员。

** 苏子涵，深圳市市属学校责任督学，成都市大弯中学原副校长，享受成都市专家津贴。后任深圳市南山区实验学校、南山外国语学校初中部校长。

育才三中、育才一小、育才二小、育才三小、育才四小及育才一幼、三幼、四幼和育才阳光幼儿园共 11 所办学实体，同时还有育才体育俱乐部、深圳市康柏英实业有限公司育才培训公司等机构。目前因法人代表、总校校长犯错被免职，现该职务暂缺。影响较大的是 2003 年 9 月成立的深圳市实验教育集团，该集团采取独立法人办学，以政府经费和非政府经费投入的方式，进行教育投融资的实验改革。目前该集团下设实验高中部、实验学校中学部、实验学校初中部、实验小学小学部、实验幼儿园、牙科诊所等部门。此后，特别是近年来，深圳市集团办学风起云涌，市属层面有 2016 年 7 月成立的深圳高级中学教育集团，下设高级中学高中部、初中部、东部校区（坪山 9 高）、西部校区（沙井 7 高）、北部校区（龙华初中部）等。外语学校集团、深圳中学集团等。区属学校集团更多，如福田区红岭教育集团、南山区实验教育集团、南山外国语学校集团、南山第二外语学校集团、育才教育集团、职教集团，宝安区宝中集团、幼教集团等。当前各区都在大力兴办集团学校，许多新的集团如翠园集团等正在筹办。

除集团办学外，近几年合作办学也越来越火。目前深圳此类学校也是数不胜数，如清华实验学校、北大附中深圳南山分校、北京师范大学南山附属中学、北京师范大学南山附属小学、沪教院福田实验学校、人大附中深圳学校、深圳大学坂田附属学校以及道尔顿新华公学等。这些学校有公办校，也有民办和私立学校，种类繁多，难以一一列举。

二、学校领导、教师对集团办学、合作办学的意见及看法

1. 集团办学、合作办学之利

本次调研所收集的 288 份样本中，对集团、合作办学的正面评价虽然不多，但归纳起来有三点：

（1）可以在短时间内扩大优质学位，满足家长对优质教育的精神需求。例如深圳高级中学集团，将沙井、龙岗、坪山的新办学校予以

冠名，许多家长趋之若鹜，以致周边房价飞涨。座谈会上第二高级中学周老师（历史教师）说："我个人认为是好事。因为我在桃园村住，那里的松坪学校今年成为南山外语集团学校，我的孩子将来有可能上南外的初中、高中。"实验高中余老师（团委）也说："从我个人利益来说，我的孩子可以从集团的幼儿园一直上到高中，可以享受到优质的教育资源。"

（2）集团办学教育资源共享相对方便，可以减轻办学实体的不少负担。部分集团办学由于统一管理，教育资源共享相对比较容易。例如实验高中的杨主任说："集团里资源共享比较方便，今年我校开展的一项大型活动需要搭建舞台。打电话给中学部，立刻得到回应，很快就借给我们了。"还有教师说，有些本校遇到的麻烦如电教设备故障，在集团内部解决也很方便，人才共享。实验初中一位中层干部说："人员调动容易，可按能力、专长调整，我就是从小学调整到初中部的。"实验集团一位干部说："教育局一些繁琐的会议，都由集团去参加，减轻了学校的负担，学校只需要埋头做好教学和学生管理工作就行。"实验高中刘老师认为高中带初中，实行大循环挺好，只是不要摊子铺得太大就好。此类意见还有几个学校的教师也表示赞同。

（3）合作办学可利用资源较多，教师进修方便。老师们认为合作办学可以充分利用高校资源开展教师高端培训，与专家沟通也更容易，可以开阔学校教育视野。例如北师大南山附小李副校长就说，学校经常组织教师暑假期间去北师大进修，听讲座，讲课者中有不少是名教授，让教师们受益匪浅，获得了全面提升。

2. 集团办学、合作办学之弊

（1）管理和教学人才成长晋升渠道不通畅。

办学实体、集团分校领导并非法人代表，在责权利上法理不够清晰。例如深圳实验集团，除中学部主任是集团副校长外，其余各部主任都只是中层干部。这些主任实际做的都是普通学校校长的工作，而且其中绝大多数也都有出色的业绩。例如实验学校高中部，已经成为深圳市教育的一面旗帜，其高考成绩年年名列前茅。又如实验初中部、小学部，其教学业绩也是有口皆碑，特别是小学部，已经成为深圳小学教育的代表。但是它们的校部主任仍然属于学校中层干部，导致许多会议没资格参加，对外交流名实混乱，既影响学校的自主发展，也影响个人进步。近十年来，非集团学校为深圳教育输送了大量的教育干部，许多年轻教师都走上了教育领导岗位，但反观集团学校干部却鲜有发展，各分部校长到外区参加校长竞聘，由于没有副校长任命，没有报考和竞争资格。分部领导如此，更不要说集团学校里的中层干部和年轻教师了。这无疑为深圳教育获得优秀教育骨干人才堵死了路。督学通过调查了解到，2016 年评选市十佳校长，实验中学部龙主任被推荐参选，但由于不是"校长"而被一票否决。此类事情还有不少，绝非个案。

而合作办学的学校，由于其法人代表多由乙方单位选派，并不热衷在深圳发展，对办学董事会较尊重，对教育局相对疏离。这不但影响个人，也影响学校和中层干部的发展。

（2）常规管理中办事效率较低。

如实验高中部本年度计划更换一些教室风扇，也要打报告交于集团相关部门审批，致使工程拖延数月。想利用暑假重新油漆一下校训大字，报告上去却得不到批准，所以作罢。南山外语集团各部主任前几年职权不对等，影响学校发展，去年这个问题尤为突出，总校才为各部放权 3 万元进行自主支配。其余集团学校或多或少都存在此类制约学校机动发展的问题。虽然如某些老师所说，可以少参加一些会议，减轻一些学校管理负担，但事实上也阻塞了教育主管部门政令及工作部署的及时传达，教育法中规定的校长责权利对等问题在这类学校很难实现。

（3）集团、合作办学中的人员流动、资源均衡操作困难。

例如深圳高级中学集团，虽说集团内部教师交流理论上比较容易，但实际上想让教师经常交流，跨地域的制约也是一大难题。比如家住福田区本部附近的教师几乎没人愿意去沙井、坪山工作，并非教师的思想觉悟低，而是这凭空增加了教师的交通成本和时间成本。此外，集团办学在职称聘任方面也会出现不公平分配的现象。例如实验集团管理机构现有 37 人，这些管理人员教育局没给编制，全部从学校抽调，又不再参与教学，但是高级职称会优先聘给他们，而一线教师本来就因编制紧张而多担负了各种教学工作，却又被集团工作人员占去聘任指标，无法获聘高一级职称。这一问题在座谈会上意见非常尖锐。

（4）学校领导难以深入教学第一线，与教师学生隔阂增大。

座谈中也有老师对集团办学，特别是大型学校集团的管理效率提出异议。例如有的老师说："过去我们天天能见到校长，和校长谈学习、谈工作、谈生活。大家像老朋友一样，学校的要求也能第一时间知道。集团办学后，我两个礼拜甚至一个月都见不到校长一面，见一次面就只能打个招呼，根本无法深谈。像宝中集团，在报纸上号称有 2 万学子，一个校长如何关注这么多教师和学生？"一位普通学校的校长说："我每周都要和一些学生交流，最好的学生我认识，最差的学生我也认识，我是他们的大朋友。"有老师问："一个不认识自己学生，不了解教育对象的校长，如何做好教育？"也有老师算了一笔账："一个集团总校长，7:30 上班，吃完早餐 7:45；准备好相关资料，交代好相关事务，8:30；然后发动汽车去坪山或沙井某分校，正是早高峰时间，车程最少 2 小时，10:30 到校，喝水听报告，到 11:30。如何解决问题，解决问题的时间在哪儿尚不得而知，深入教师、学生中间又怎能做到？稍一耽搁，就到午饭时间了，下午还要驱车 2 小时返回。一个集团五六个分校，甚至十几个分校，这个校长能管好吗？"

（5）造成集团与非集团学校生源分配不均。

一些非集团学校反映，目前集团办学下，许多集团学校"跑马圈地"，划定生源范围，设立"防火墙"，立足"生源大战"，将非集团学校挤在招生的墙角，造成教育生态极度不均衡。对没有"自留地"的纯高中学校，造成新的不公。而这一点不仅得不到批评，反而成为一些教育主管部门洋洋得意地获取"成绩"的法宝。教育本来就要提倡人才的多元化培养，这样才是完整的教育生态。而集团办学搞得千人一面，特点雷同，难道是健康的教育吗？这一点毫无疑问和教育行政部门评价学校的方式有关联，和社会宣传的误导有关联。

（6）弱化了深圳教育的本土经验和特色。

老师们在座谈时说：深圳教育从最初的落后状况发展到今天，已经具有了自己的光荣历程和成熟经验。这些历史和经验都是几十年来一代代教育人用自己的勤劳智慧、无私奉献积累起来的。深圳的老师来自五湖四海，本身就是一种多元文化、经验、方式、方法的交流，因而生成今天的深圳教育。即便集团办学再好，如果深圳的教育生态单一到只有几个品牌学校，那教育多元化岂不是一句空话？教育不是工厂企业，不能像生产工业品那样千人一面，也不能像生产工业品那样追求规模效益。老师们呼吁：教育一定要本着尊重客观规律的精神，实事求是，踏踏实实为老百姓服务。

本次调研为客观实录，供参考。

2016 年 11 月 9 日

深圳市直属学校班主任现状调研报告

贾笑纯　郑秉捷　田介成　苏子涵

　　根据深圳市人民政府督导室要求，针对目前班主任工作中存在的一些共性问题，我们对市 11 所校部共 83 名班主任、教师和德育干部开展了调研座谈（后与其他督学开会汇总另外 10 余所学校班主任概况）。调研主题为：①愿不愿意当班主任；②为什么愿意或不愿意；③有什么建议三部分。座谈中老师们发言踊跃，纷纷讲实话、讲真话，使我们获得了一手资料。现将调研情况汇报如下。

一、关于愿不愿意当班主任

　　众所周知，班主任工作是学校教育教学工作的重中之重，是学校教育的基石，是学校师生联系的桥梁，也是学校与家长、社会沟通的主渠道。座谈会上有些教师说：一个学校校长外出一个月，工作都能照常运转，但是一个班缺少班主任，一天都维持不下去。因而大家普遍认同班主任工作的重要性，这也是本次调研全体教师的共识。

　　座谈会上教师们回答愿不愿意当班主任的问题时，形成三种意见：

　　（1）参加座谈的 48% 的教师（39 人，主要是青年教师）表示一开始愿意做班主任的，因为觉着此项工作能使自己更快地熟悉学生，有利于提升教学的针对性，和学生在一起会愉悦快乐，同时最主要的是能更好地帮助自己成长（例如职称晋升）。这一点，参加座谈的 79 位教师都表示认可。但是随着实际工作的开展，年轻教师大多觉得自己的教育理想和激情被繁杂的琐事淹没。有一名青年教师说，三年班主任工作下来，感到身心疲惫，原有的理想破灭了。另一位青年教师说：当了几年班主任，不仅不再愿意干了，甚至连教师都不想干了。还有一些女教师说：年轻时当班主任，晚上回家还能加班工作，现在结婚有了孩子，每天都感到焦头烂额，没有正常生活。所以如果不是为了评职称，大部分参加座谈的青年教师都不愿意或不太愿意当班主任（占青年教师的90%左右）。

（2）大多数中年教师不愿意当班主任（老年教师当班主任的极少）。座谈会上有8年班主任经历的老师说：现在当班主任越来越难，宁可多带一个班的课，也不想当班主任。而高中班主任在升学压力大的今天，教学、学生工作双线作战，身心疲惫，自然也不愿意做班主任。小学班主任更是如此，一位小学中年班主任说：小学工作，教育比教学重要，因而工作量非常大，为了安全问题，基本上从早到晚都在看护学生，比50个家长看护孩子工作量的总和都大。对于不愿当班主任的想法，一位女教师哭着说：当班主任时遇到过问题学生，每天都要"自杀"，并以此骚扰自己，有时堵在办公室门口，还经常半夜发短信说明天就见不到他了，有时一天几十次各类短信。当时这位教师刚怀上孩子，结果因焦虑惊扰，最终流产，所以她再也不想当班主任了。人到中年，工作压力、家庭压力、社会压力齐聚，形成这一部分教师的共同心态。经统计，除座谈会上有两名获"学校功勋班主任"和"优秀班主任"的中年教师表示虽然工作很累，有打退堂鼓的想法，但一定要将这项工作坚持下去，其余40名中年教师都不愿当班主任（占95%左右）。

（3）部分教师迫于评职称或学校工作硬性分配，去当班主任，但工作感到动力不足。当职称评上或遇到上升空间渺茫等教育现实困扰时，基本就不再愿意当班主任了。这也是学校很难安排老教师或高级职称教师做班主任的原因。

二、为什么不愿当班主任

在座谈会上，教师们普遍提出不愿当班主任的原因。

（1）权力无限小，责任无限大。班主任是天下最小的主任，但责任却关系到学生的方方面面。老师们反映：给我们压力没什么，但我们有多少管理权？对学生的错误行为，有多少处罚权？对家长、社会的误解，有多少话语权？一位老教师说：过去学生有过错，我们可以跟家长沟通，对家庭教育的缺失，还可以对家长进行批评。而今天对一名在课堂乱扔水瓶，扰乱课堂秩序的学生提出批评，给家长看录像，还会遭到家长抵制，声言自己的孩子只能表扬、鼓励，不能批评。如果这是个案，也无可指责。但11所校部（其他学校班主任也有相同反映）都有老师反映这一类家长干扰学校教育的普遍情况，甚至校长也认为，此类干扰已经成为常态，严重干扰了学校的正常工作。老师们说，在社会上，似乎人人都觉得自己最懂教育，个别家长甚至一个月可以给班主任发二十几条微信，推送如"怎样做好班主任""班主任要注意的若干事项"等文件，而且还亲自跑到学校质问班主任读了没有，有什么感想。这种干预学校教师教育、教学、安全管理、食品卫生、体育活动量大小、教室多媒体质量、军训、社会实践等的例子数不胜数。让教师尤其是班主任手足无措，学校管理受阻。教师们说，医生都不给自己的孩子亲自动手术，但一些家长却自以为教育全能，动不动就指手画脚。要是班主任做错了什么，家长更是不依不饶，连带个别学校也加以批评，造成了班主任在教育过程中放不开手脚，进而丧失教育热情，不愿意当一个无所作为而处处受气的班主任。

（2）任务无边界，时间无边界。几乎所有参加座谈会的班主任都说，班主任工作量过大，任务琐碎庞杂。没有一个学校明确过班主任工作的具体内容和工作量。所以无论是何种临时性工作，无一例外都是班主任承担；无论上班下班，班主任都永远在班。例如疫情期间防疫任务重，班主任与科任教师相比，查体、填表、督察、消杀等，除了教学工作，增加了普通教师一倍的工作量。一位班主任说：在家里，为了怕遗漏学校通知或家长短信，自己每天 6:30 起床就开始看手机，期间隔不久就要看一次，直到晚上 12 点睡觉前，也要最后看一眼手机短信，生怕错过一些信息影响工作或遭家长责备。这种任务、时间无边界的情况，不同学校的老师都做了班主任一日工作纪实。

座谈会上反映，只要是负责任的班主任，都是连轴转。所以座谈会上老师将自己比作教师、保姆、清洁工、导演、教练、保安、医生、心理分析师、警察、法官和律师，工作毫无边界。由此可知，班主任在琐碎的工作事务中，备课、学习、提高自己业务水平的机会和时间几乎没有，这些对青年班主任的影响极大。

（3）高危群体，心力交瘁。在当今日趋严峻的安全压力下，班主任工作已经使该群体时刻处于高危环境中。教师们说：在安全问题上，如果做完分内的工作，并且没有疏漏，则无论后续有什么结果，也不必追究班主任责任，当然合情合理。但事实却不是这样。教师们说，只要出一点事，班主任就要承担学校、家长、社会、自己良心的四重压力。一位高中班主任举了个例子：开学不久，班上一位住校学生在摸底考前突然失踪，22:00 后还没有回到宿舍。班主任第一时间得到消息，先和班干部、学校德育处教师在校园寻找，未果，又与学校领导一起扩大了寻找范围，询问该生是否回家。接着，和临近小区党员义工在校外搜寻，凌晨通知派出所，进行专业查找。终于在第二天早上 7:00 以后，在一座高架桥的桥下发现了正在熟睡的学生。班主任不敢用稍重的语气对其劝说，只有暗自庆幸没有发生安全事故。这件事学校批评了班主任、家长也抱怨了班主任、义工们也叮嘱了班主任，而班主任内心也十分自责。但是当得知该生出走仅仅是不想参加测试时，该班主任的精神几乎崩溃。

其实类似的事情绝非少见。在全市上百万的各类学生中，出事几乎可以说是必然，不出事才是偶然。学校和班主任们只是尽自己的最大力量保证别出恶性事故，而这种被动防御，并不能真正解决学生的安全问题。数年下来，班主任工作成了步步惊心的连续剧，在高危的工作环境下，其生理心理怎能不全面受挫。

特殊学校的班主任则更是身心备受煎熬。一位班主任说，她在周日一天就接了40多个家长电话，不停解释、科普、劝解那些急躁的家长。这位教师说，针对残障孩子，少数家长缺失耐心，不懂方法，把班主任当成随意打开的字典，随时随地干扰教师的正常生活，而自己必须理解、宽容、耐心对待家长。久而久之，对自己就会形成一种精神创伤。

至于那些每年都发生的学生恶性安全事故，班主任一方面在工作中如履薄冰，战战兢兢，一方面只有祈祷好运了。

（4）待遇、工作，不相匹配。在座谈会上，班主任基本都没把待遇放在首位，正像一位中年班主任开玩笑所说的，君子不谈钱。但是市属学校班主任待遇低却是不争的事实。现在市属各校，班主任津贴自2018年才从500元涨到1500元，这是一个进步（区属学校10年前就是这个水平，目前还有各项津贴，应该超过市属学校了），但是今天这样的津贴，相对于物价、房价等因素，已经无法与十年前相比了。一位高中班主任算了一笔账：20世纪80年代，一个刚毕业的大学生，月工资56元。当班主任加6元，是工资的10%。而今天一名中级教师，月工资及其他收入为3万元，班主任津贴1500元，是工资的5%。所以津贴没有形成工作动力。

此外，同样是教师，班主任与科任老师的待遇区别太小，工作量和责任区别太大，两相比较，不愿当班主任也在必然之中。

三、结论与建议

市属学校教师不愿当班主任是一个普遍现象，区属学校也面临着同样问题，形成了一个庞大的群体。据粗略统计，深圳市1000多所学校，每校二三十个班，就有几万名教师不愿当班主任。当然，不愿当和不当是两个概念，目前各校虽然安排班主任工作困难较大，但一旦安排下去，绝大部分教师都会兢兢业业，完成好自己的这份教育使命。因此从座谈会教师发言及平时工作观察来看，不愿当班主任无关乎教师的职业道德和教育情操，相反，在这些努力工作的班主任身上，反而能涌现出大量平凡而伟大的光辉事迹。我们依据调研结果得出结论：教师普遍不愿当班主任的原因是系统性的或结构性的。系统性是由社会认知、学校理解、领导关心、家长包容、学生配合等共同构成；结构性是由待遇结构、工作量结构、工作与责任边界结构、责权利结构等构成。此外，目前各校非常重视课程建设，注重课改和课堂革命，但对班级建设和班主任队伍建设就相对淡化，与之配套的各项措施也不够完善。以此，我们认为解决这些问题也需从上述各点入手。

为此督学建议：

（1）尽快出台班主任工作内容及权限范围的明确认定，将学校教育、学科教育、家庭教育、社会教育界定清晰，将班主任工作量明确界定，尽快把班主任从当前责任、工作边界不清，工作量无限的状况下解放出来。

（2）可以考虑增加副班主任编制或双班主任编制，在现有教师中配备青年教师做副班主任，享受评职称待遇。同时增拨一部分班主任津贴对副班主任发放（不是从班主任津贴中分出，而是做增量）。两位正副班主任也可明确分工，将较大的工作量加以稀释，同时克服一些学校将班主任工作安排给新毕业的大学生，降低班主任工作质量的陋习。

（3）从物质、精神等各方面给班主任待遇和荣誉，学校在部分工作中政策要向班主任倾斜。

（4）加强班主任培训，特别是对年轻班主任的培训。建立班主任培训上岗机制，培训经历纳入班主任晋升渠道。而青年教师不宜一毕业就当班主任，必须有一个学习过渡期。

（5）呼吁社会尊重班主任工作，借助媒体教育社会，让广大家长明白术业有专攻，减少或杜绝指手画脚的社会干扰。学校也要通过家长会宣传和教育家长。个别对学校工作形成严重干扰的家长，除了批评教育，还要借助法律予以惩治。恢复全社会尊师重教的风气。

（6）按照中共中央、国务院关于改革教育评价体系的文件要求，在条件许可的情况下，可以考虑在绩效工资上进一步加大对班主任的倾斜。

2020 年 11 月 21 日

关于完善深圳市特殊教育的调查与建议

贾笑纯　田介成

特殊教育是国家教育的组成部分，也是职业教育的特殊分支，对特殊教育的重视与否，直接反映出国家对社会公平、人权保障的重视，以及城乡的现代文明水平。世界上发达国家对特殊教育的重视程度普遍很高，特殊教育自 20 世纪初至第二次世界大战后已逐步发展完善，其一系列特殊行动的实施均以法律法规来保障。例如美国的《残疾人职业教育法》《残疾人康复法案》《残疾人教育法案》等。特别是 20 世纪 80 年代通过的《帕金斯职业教育法案》，更将提升残疾人的学习、就业做了详细规范。此外，英国、日本等国都对特殊教育和职业训练订立了明确的法规。我国特殊教育开展虽然略晚，但改革开放以来，发展步伐较快。1978 年邓小平在全国教育工作会议上提出"应该考虑各级各类学校的发展比例"，随后我国颁布的教育法、职业教育法以及《特殊教育学校暂行规定》中，都对残疾人职业教育进行了专门规定。截至 2014 年，我国残疾人职业教育机构近 5 000 家，有 380 万残疾人接受了职业教育和培训。

深圳特殊教育开始起步时，其教育教学水平，包括教育设施水平即位于全国前列，元平特殊教育学校（以下简称"元平特校"）更被誉为全国"特殊教育的一面旗帜"，在国内影响很大。但随着深圳市的快速发展，人口的大量增加，残障儿童入学压力也随之增加，元平特校学位严重不足。以大城市基本常数为依据概算，目前全市常住人口残障子女5 000～8 000人，而该校仅能接收千人左右残障儿童入学，且全部限定为户籍人口子女。而近千万暂住人口或流动人口的残障子女，则只能在民办残障机构甚或是家庭式托教机构代管学习。即便这样，仍有很多此类儿童无法入读任何学校。

残障儿童接受教育的问题，不仅是特殊劳动力的培养问题，更是社会公平、城市文明的大问题。进入新世纪我国许多大中城市特殊教育发展迅速，以北京、上海、广州为例，其城市拥有的公办特殊学校分别为30所、28所和19所，而深圳仅为1所。2006年以来国家先后投资数十亿元支持西部特殊教育发展（"十一五"期间约30亿元，"十二五"期间约50亿元），要求达到一县一校。反观深圳这几年特教发展明显滞后于上述地区，这显然与深圳市现代化都市地位不相匹配。

2014年，深圳市委、市政府已注意到这个问题，因而提出"五加二"的特殊学校建设方案，即市属特殊学校两所（含元平特校），另5个区每区一所。这无疑是深圳市特殊教育的飞跃式发展。但通过调研发现，即便如此也不能彻底解决绝大多数残障儿童入学的难题，为此我们建议：

第一，重视民办特殊教育的规范化和一定程度上的规模化，改由残联、民政部门牵头的领导模式为教育、残联、民政三部门共同领导。特殊教育机构教育教学业务由教育行政部门规范管理，纳入职业教育考核，政府则给予一定补贴做基础条件的扶持。

第二，利用普通学校做好轻度残障学生的随班教育工作，即实施当前国际流行的"全纳教育"。这样不仅能减轻特殊学校的学位压力，也能在知识技能的培训当中增强此类学生情感、意志和人生观培育，使其更容易学会生活、学会关心、学会合作。问题是当前普通学校师资配置偏紧，教师不够专业。解决的方法是可利用心理教育教师或社会义工来协同完成。

第三，目前户籍人口残障子女（6～18岁）有残疾证书的3 000余人，暂住或流动人口残障子女的数量远高于户籍人口数量。仅以户籍人口残障子女而言，其家庭分布于深圳市各区，如果都去元平特校，则无论在时间、交通、公共设施方面都会对城市和家庭形成巨大压力（目前在元平特校附近租房走读的此类家庭超过 200 户）。因此在深圳市"五加二"特殊学校建设布局方面，我们建议：

（1）以元平特校为深圳市综合性中心校，主要用以接收盲、聋儿童及以相关职业高中教育为主，利用现有教育教学设施和校舍，采用住校制，缓解社会、家庭接送的负担。

（2）市属第二特殊教育学校宜建成以脑瘫、自闭症儿童为对象、以身心康复为主、配以校属康复医院的医疗教育一体化实验学校。目前元平特校在此方面已有较成熟的经验，若第二特殊学校以此为教育特色，将成为领先国内的具有示范性的实验学校。同时，校内康复医院也可为社会提供部分服务。

（3）区属特殊学校考虑到学生地域相对集中，应以走读为主，住读为辅，并以延点看护相配套。此类学校应办成综合性特殊学校，借势家长接送矛盾不突出的特点，也可适度降低学校投入规模。

（4）各区应适当梳理民办特殊教育机构，调研办学条件，师资状况以及生源数量，决定政府扶持力度。

关于特殊学校办学特色与办学水平问题，通过调研我们认为：

（1）当前元平特校的教育已有很高的起点，如 1995 年开始的脑瘫、孤独症康复教育，领先全国 20 年左右，已在医教结合的改革路上探索了许多宝贵经验，可以为深圳市第二特殊学校的康复教育定位提供充足的人才和经验。如能按此建议实施，则可使深圳市特殊教育久居全国前列而不衰。

（2）深圳市残障教育理论目前属于全国前沿，元平特校的许多教材更成为一些大学特殊教育专业的教科书。"五加二"布局后，人才更多，专业化也更强，一定能将现有的理论与实践优势保持发扬，创造更多成绩。

（3）市属特殊学校专业化布局后，更容易形成学校的教育特色和亮点，例如在体育、艺术、技能以及康复医疗科研方面必会产生更大的社会效益。

（4）规范民办特殊教育，使之与政府办学相得益彰，形成深圳市多元办学模式。通过扶持，激发社会办学潜能，拉动就业，解决更多非户籍人口残障子女的就学就业问题，真正为老百姓办实事。

我们认为，特殊教育必须由政府牵头管理，克服部分教育部门不想管、嫌麻烦的错误思想，因为这不仅是特殊教育法规所规定的义务和责任，更能体现教育公平、社会文明、人人平等的现代城市意识与水平。只有如此才能调动各方面的积极因素，办让群众满意的特殊教育，与深圳城市现代化相适应。

2014 年 10 月 20 日

中小幼责任督学联合调研，提炼升华优质办园经验

赵志慧[*]　眭　芳^{**}

一、督导背景

近年来，中国学前教育事业实现了高速发展，在政府和市场的双重推动下，全国学前教育界引发了新一轮的体制、管理、课程等各方面的探索与改革。尤其是《中共中央、国务院关于支持深圳建设中国特色社会主义先行示范区的意见》在深圳的战略定位之一——民生幸福标杆中，对学前教育的要求已提升到了"幼有善育"，进一步引发了深圳学前教育界的广泛讨论与思考："幼有善育"中的"善"是指"良好"，什么样的幼儿教育才是"良好""优质"的？幼儿园课程如何构建、环境如何创设，才能导向"善"？幼儿的身心成长、教师的专业成长如何向"善"发展？作为中国特色社会主义先行示范区的深圳，如何在学前教育领域交上合格的答卷？

为此，深圳市教育督导室市属学校责任督学基于"找亮点、促成长、助提质"的思路，打破以往对口专业督导的模式，专门成立了市属学校中小幼专职责任督学联合调研组，由5位原中学校长现市责任

---

* 赵志慧，深圳市第一幼儿园原党支部书记、园长，现受聘于深圳市人民政府教育督导室，任深圳市市属学校幼儿园责任督学。

** 眭芳，深圳市南华幼儿园原园长，深圳市市属幼儿园责任督学。

督学和 2 位原幼儿园园长现市责任督学组成，前往深圳市属公办园之一——深圳实验幼儿园开展集体专项督导调研。

深圳实验幼儿园成立于 1988 年，为深圳首批省一级幼儿园之一，该园有着深厚的办园底蕴，优秀的师资队伍，多年来持之以恒地深化课程改革，一直是深圳幼教行业的翘楚。该园以"三人同行，幸福成长"为课程理念，创建了"三人行"园本课程，旨在整合幼儿园、家庭、社会资源，为幼儿提供机会，创造条件，让幼儿获得成长经验，力争成为一所有幸福记忆的幼儿园，为孩子种下一生幸福的种子。

市属学校责任督学秉承着可持续性开展素质教育的大教育观，基于中小幼课程一体化的理念，特意组建了中小幼联合督导调研组，深入幼儿园实地考察，就深圳实验幼儿园的园本课程建构、幼儿园与小学课程之间的衔接、幼儿园环境创设、幼儿的身心发展与教师的专业发展情况进行专项督导调研。旨在一方面调查、汇总与提炼优秀的办园经验与做法，为政府更好地了解深圳市公办幼儿园办学情况提供有效依据；另一方面深入了解该园在教育实践中遇到的困难与问题，汇集中小幼责任督学的智慧与经验，为该园答疑解惑，提供强有力的提优思路与方法，帮助其进一步发展与成长，使之真正成为深圳市幼儿教育行业的品牌和标杆。

二、实施过程

（一）确定督导调研主题

基于对"幼有善育"之内涵的深入思考，本次督导调研将重点聚焦于"课程、环境、师幼发展"，着力从深圳实验幼儿园这所有着 32 年办园历史的资深市属公办园挖掘出具有普适性、可推广的优质经验，确定了以下三个主题：

（1）幼儿园课程建构历程与创新点。深入了解该园"三人行"课程的建构历程与创新点。

（2）幼儿园儿童学习空间与环境打造。全面了解该园儿童学习空间与环境创设的理念与方法。

（3）幼儿园课程实施路径与师幼发展。了解该园"三人行"课程的实施方法与路径，以及如何通过课程的有效实施，促进幼儿身心和谐，全面发展与教师专业成长。

（二）选择督导调研方法

研究方法的科学性与适宜性直接决定了调研目的是否能达成以及实际效果，经过研讨，责任督学们选定了以下两种调研方法：

（1）观察法。实地参与幼儿活动，观摩室内外学习环境，观察与实录该园的环境与课程实施情况、幼儿与教师的互动状态与精神面貌。

（2）访谈法。与该园的领导班子、骨干教师、家长代表访谈，全面深入地了解其课程建构的思路、历程、创新点与特色，环境创设的理念与方法，以及课程实施路径与师生发展状况。

（三）开展实地调研

2019 年 12 月 4 日上午，在组长郑秉捷督学及副组长赵志慧督学的带领下，市属学校中小幼专职责任督学联合调研组、各区责任督学代表、深圳市督导中心工作人员一行 20 人，走进深圳实验幼儿园百花部开展督导调研指导，调研主要从以下三个环节展开。

1. 聆听介绍，全面了解

责任督学们先通过实验幼儿园的宣传片，全面了解了该园的发展历程。随后，该园执行园长杨梅向各位督学介绍该园"三人行"园本课程的框架、园所环境对课程的支持以及"三人行"课程下师幼的幸福成长。责任督学们通过这个环节，对本次督导调研重点指向的"课程、环境、师幼成长"三个要素形成了研究背景、理念与方法层面上的认识与理解。

2. 走进一线，深度调研

责任督学们走进课堂，认真观察教师组织的各项活动，从集体活动到区域活动，从教师的活动设计到组织实施，观摩幼儿的区域自主游戏与师幼互动情况，对课程与室内外环境的创设等方面进行了深入了解。通过走访该园秘密花园的玩沙区、玩泥区、行馆、美术室等功能室，进入班级跟班观察记录半日活动，责任督学们对实验幼儿园课程的组织实施途径、环境营造与师幼的发展情况进行了实践层面上的信息收集，并通过这个过程查找亮点与问题。

3. 反馈提升，促进发展

现场调研结束后，责任督学与园领导班子、骨干教师、家长代表进行深度访谈，从"找亮点、促成长"两个角度进行总结与反馈。

（1）找亮点：发掘了该园"三人行"课程在实践过程中能充分体现"以儿童为主体"的理念等方面的亮点，收集了该园通过有准备的环境创设、科学的一日生活安排、适宜的师幼互动、富有幸福文化内涵的管理来支持儿童的自主学习、幸福成长与发展等方面的优质经验。

（2）促成长：根据督导调研过程中发现的问题，以及深度访谈时实验团队提出的困惑，从"如何使环境真正成为课程实施的载体，从而更有效地支持课程的开展"和"课程的建构与实施如何做到既尊重儿童的兴趣与需要，又能有效地引领儿童发展"两个方面，为该园环境创设与课程实施深化之间的关系、课程体系的进一步完善、课程成果的梳理总结方法等给出了有效的指导和建议。尤其是来自中小学的责任督学们，把当下中小学课程建构与组织实施等方面的先进理念与做法推荐给了该园，极大地拓展了该园的思路与视野。

三、回访追踪

2019 年 12 月 4 日下午，深圳市实验幼儿园根据市属学校中小幼专职责任督学集体督导调研组提出的问题和建议，成立了以杨梅为组长，杨黎为副组长，沈敏、温玉等 6 人组成的整改小组，讨论研究制订了《环境与课程质量提升整改方案》，带领实验团队群策群力，找准问题突破口和解决措施切入点，积极实施整改。

由于突发的新冠疫情学校幼儿园停课，回访时间推到了 2020—2021 学年第一学期。2020 年 11 月 4 日，市属学校幼儿园专职责任督学、实验幼儿园责任区挂牌督学赵志慧对该园进行回访。在刘凌园长的陪同下，赵督学听取了幼儿园的整改汇报，并深入班级、秘密花园等园所环境进行现场巡查，发现该园的环境创设与课程建设已有了显著的提升，具体体现在以下方面。

（一）环境与课程的联系更紧密

环境从之前以追随儿童的兴趣与需要、审美为主，进一步提升到有效地把教育价值、课程内容、校园文化等融入环境，更好地以环境为载体丰富教育内涵，让幼儿受到环境的浸染，萌发审美意识，激发创造潜力，浸润人文内涵，滋养精神灵性，发展核心素养，得到心灵的澄澈、智慧的增长和人格的健全，实现"幼有善育"的优质教育目标。

（二）课程体系体现尊重与引领的和谐统一

课程在之前以儿童为主体，追随幼儿感兴趣的问题开展综合探究为主的基础上，增加了教师引领的学习内容，把五大领域的必学经验融入综合探究活动，使课程既具有灵活性又体现计划性和系统性，课程体系更完整，儿童的学习与发展更全面。

四、反思与感悟

深圳学前教育面广量大，事务繁杂，尤其在前几年民办园占多数，公民办教育质量发展不均衡的情况下，实现"幼有善育"的目标任重而道远。想要实现深圳市学前教育整体质量的快速提升，"挖掘优质经验，积极辐射推广"是行之有效的途径之一。

1. 树立标杆，辐射推广

"幼有善育"目标的实现，除了做好"保底"工作，对基础薄弱的幼儿园进行精准帮扶以外，"树标杆、传帮带"也是行之有效的途径。挖掘优质幼儿园在课程建构、环境创设、师幼互动、管理等方面的亮点，汇集成熟的、良好的做法与经验，向深圳市其他幼儿园推广辐射，从而减轻一些师资力量不足、研发经验欠缺的幼儿园的压力，使它们少走弯路，迅速成长。

2. 联合调研，拓展思路

中小幼责任督学的协同调研，可以更好地实现"三位一体"中小幼素质教育一体化的美好愿景，以"大课程观"的思路指导幼儿园的课程建构，衔接幼儿园与小学课程之间的断层，打通中小学课程下行到幼儿园课程之间的障碍，促进幼儿园吸纳中小学的优质经验，拓展教育思路，使幼儿园园本课程体系更健全、环境与课程结合更紧密、师幼互动策略更有效，合力提升深圳市的学前教育质量。

3. 协同督导，融会贯通

中、小、幼责任督学集体协同督导，增进了中小幼责任督学对不同阶段校（园）本课程设置、环境创设与师生互动要点的了解，帮助责任督学明确了不同阶段的校（园）之间在课程衔接等方面存在的问题和困难，从而能更有针对性地在督导过程中指导不同阶段的学校（幼儿园）解决好幼小衔接、小中衔接工作。

深圳市市属22家幼儿园儿童读物督导调研报告

赵志慧　　眭　芳

　　3～8岁是人的阅读能力发展关键期。对于3～6岁的幼儿而言，阅读适宜的儿童读物，是他们认识周围世界、发展认知、增长智慧的重要途径。

　　儿童读物是对适合幼儿阅读的各种知识、文学、艺术读物的总称，它的最大特点是针对性强、以形象为主、图文结合、文字简练、浅显易懂。《幼儿园教育指导纲要（试行）》中针对语言领域的目标明确指出"引导幼儿接触优秀的儿童文学作品，使之感受语言的丰富和优美，并通过多种活动帮助幼儿加深对作品的体验和理解"。同时提出要"利用图画、绘画和其他多种方式，引发幼儿对书籍、阅读和书写的兴趣，培养前阅读和前书写技能"。2015年党的十八届五中全会更是把"倡导全民阅读"列为"十三五"时期的重要工作，并印发《全民阅读"十三五"时期发展规划》，要求"坚持少儿优先，保障重点"，指出少儿阅读是全民阅读的基础，推动全社会共同创造、维护少年儿童良好的阅读环境。

　　深圳市教育局对幼儿园儿童读物也高度重视，于2014年公开发布了深教〔2014〕112号文《深圳市教育局关于规范在园儿童读物选购与管理的通知》，对各幼儿园购买儿童读物的经费途径、种类和数量、管理方式等提出了要求，并推荐了一批书目。

然而，在幼儿园的实际工作中，儿童读物的选购与管理方面仍然存在许多问题。深圳市属幼儿园挂牌责任督学于 2021 年 6 月开展的"幼儿园四项管理"督导中，发现深圳市市属 22 家公办幼儿园儿童读物均存在以下问题与不足。

一、存在的问题

（一）无分类指引

每年出版发行的国内外儿童读物数量巨大、种类繁多。儿童读物种类从内容方面分，有百科、谜语、故事、诗歌类等；从形式方面分，有图书、卡片、挂图、电子软件等多媒体读物等。读物种类多，一方面拓展了幼儿园的选书范围，但另一方面当幼儿园面对五花八门、各式各样的图书时，也会因为缺乏专业知识及分类指引而随意购置，导致选购的儿童读物偏向某几个单一类别（如故事类等），局限了幼儿的认知领域，不利于幼儿的全面发展。

（二）无年龄指引

幼儿园主要分为三个年龄段：3～4 岁、4～5 岁和 5～6 岁。这三个阶段幼儿的身心特点都有明显差异，而且同一年龄段的幼儿也可能有不同的兴趣和需求。目前各幼儿园在配备儿童读物时，由于缺乏年龄指引，出现了提供的部分儿童读物不符合该年龄段幼儿年龄特点的情况。如有的幼儿园提供的儿童读物主要以注音绘本故事居多，内容较长，这类图书并不适宜学前阶段的幼儿阅读。

（三）舶来品居多，中国优秀传统文化读物少

目前各幼儿园的儿童读物中，国外出版的经典童话、寓言、绘本等占比例较高，这些国外出版的儿童读物中，部分读物内容与我国的文化背景、传统习俗、思维方式等方面有很大不同，甚至会有误导和偏差，不利于幼儿对我国优秀传统文化的认识、理解与传承，不利于幼儿正确的价值观、人生观、世界观的培养。

（四）数量不足

有些幼儿园将大部分读物存放在图书室内，并未发放到各个班级中去，致使班级内的阅读材料难以满足全班幼儿，生均可使用的读物数量不足，无法为幼儿的阅读提供充分支持。

二、提出的建议

（一）提供分类指引

对儿童读物进行分类，如中华传统文化与历史传承类《西游记》等、品德熏陶类《小鲤鱼历险记》等、习惯养成类《小猫钓鱼》等、情感滋养类《大头儿子小头爸爸》等、美感塑造类《匡朵朵——种子的故事》等、自然百科类《奇妙世界》等，并提出适宜的故事类、百科类等读物类别的占比指引。

（二）提供年龄指引

学前阶段的幼儿好奇心极强，思维活跃，想象丰富，儿童读物的提供要充分考虑到这些因素，尽力为他们选择能够激发想象，图文结合的读物。小班幼儿重点在于培养他们良好的阅读习惯，如正确的翻阅方式等。小班幼儿学习翻阅方式时，应提供单页单幅，画面简洁清晰，纸张较厚的图书；对于中、大班的幼儿，他们有了一定的阅读经验和生活经验，可提供画面有一定逻辑性，故事情节生动，富有吸引力的读物，并穿插少量的文字，图文结合，培养他们的学前阅读能力。

（三）提升中华优秀传统文化读物的占比

我国从清末民初时即有对蒙学读物的改编和继承，近年来国家提倡加强青少年国学和传统文化教育，因此，建议各幼儿园增加中华优秀传统文化儿童读物的占比，如关于我国伟大领袖、历史名人、革命先烈、战斗英雄、科学大师等的故事绘本；由我国民间故事改编的儿童读物，包括成语故事、二十四节气故事、民俗风情故事等；由我国古典文学作品改编的读物，如唐诗宋词、四大名著等。

(四) 增加图书数量

为满足幼儿的阅读需求，应提供数量充足的幼儿读物，并投放至班级中充分利用，保证班级生均读物 8 本以上。除了自行采购，幼儿园还可以通过家园合作、社区互助等渠道开展图书交流，以增加儿童读物的数量和种类。

(五) 数字阅读的相关使用

利用教学一体机等多媒体软件设备来辅助幼儿阅读，添置有声读物、点读笔等现代化阅读设备，丰富幼儿的阅读方式，激发幼儿的阅读兴趣，通过阅读促进幼儿全面发展。

睹近思远

为了教育的公平与公正

——深圳市南山区义务教育优质均衡区创建实践与反思

张玉波 [*]

一、区域背景

深圳市南山区成立于 1990 年 1 月，地处粤港澳大湾区核心位置，是全国首批双创示范基地，被誉为"中国最具硅谷气质城区"。辖区陆地面积 187.53 平方公里，人口密度为 8 235 人/平方公里。2020 年，南山区生产总值 6 502 亿元，同比增长 5.1%，连续 8 年稳居全省区（县）第一，综合实力连续 3 年位居全国百强区第一。建区 30 多年来，辖区 GDP 增长超 78 倍，以全市 1/10 左右人口和土地，产出了超全市 1/5 的 GDP。

截至 2020 年，南山区有义务教育阶段学校 95 所，在校中小学生 152 637 人，专任教师 10 593 人。

近年来，南山区经济地位和国际声誉不断提高，吸引着国内外资本和人才的持续涌入。随着区域经济规模的不断扩大和城区建设的日趋完善，南山区人口规模呈现爆发式增长，常住人口从 1990 年的 18.53 万发展到 2020 年的 154.58 万，人口密度也在 30 年间增长了

---

* 张玉波，深圳市优秀教师，南山区教育局专职督学，首届南山区中小学督学工作室主持人，广东省首届中青年骨干教师，第八届全国语文基本功大赛"四项全能"教师，深圳市城市学院教师继续教育授课专家。

571.8%，随之而来的是适龄儿童人数的快速增长。近年来，南山区小一、初一入学人数分别以每年1500人、900人左右的速度递增，此番经济与人口的高速增长导致了学位供需矛盾日益凸显。在土地资源稀缺的大背景下，南山区委、区政府主动作为，坚持改革创新，优化教育资源配置，全力保障学位供给。2016—2020年完成新建、改扩建学校25所，另有7所国际学校落地南山（全市共9所）。南山区义务教育学位建设和国际学校建设均位居全市第一，妥善解决了区域内适龄儿童、港澳台及外籍学生、随迁子女入学问题，区内随迁子女入读公办学校比例高达99%，彰显出南山区委、区政府坚定不移地推动义务教育优质均衡发展的决心。

二、推进措施

义务教育优质均衡发展承载着人民群众对公平教育和优质教育的双重期盼，是区域教育发展的方向和必然选择。南山区坚持实行"扩资源"和"增学位"同步推进，实施"提质量"和"促均衡"双向攻坚。经过八年的实践探索、难行能行，实现了从义务教育基本均衡到优质均衡的历史性跨越。

2014年4月，南山区成为广东省首批通过全国义务教育发展基本均衡区评估的区域，2017年7月，南山区率先在全省开展全国义务教育优质均衡发展区创建工作。面对学位供应持续吃紧，教学及辅助用房、运动场地面积不足，公民办学校发展不均衡等重重困难，南山区教育局教育督导科作为迎评创建的牵头部门，抢抓机遇、创新思路、多管齐下，全力推进优质均衡发展区创建工作：宏观层面，争取政府加大投入，优化治理，力获政策保障；中观层面，协调相关职能部门，压实主体责任，聚焦问题难题，推动文件出台，让基层学校创建整改工作有规可依、有据可循；微观层面，建构教育质量督导体系，力推学校各项创建指标的落实，狠抓整改成效，促进学校办学水平和教育质量的全面提升。

（一）未雨绸缪，做好顶层设计

南山区委、区政府始终把推进教育优质均衡发展作为全区最大的民生工程，狠抓落实。区委、区政府、区教育局主要领导担纲创建优质均衡发展区的"总设计师"，科学精准地描绘南山教育优质均衡发展蓝图，制订详细的工作方案，拢聚全区各职能部门合力迎评。区教育局教育督导科积极履行牵头部门职责，制订创建工作方案；成立了以分管副区长为组长，全区35个督导委成员单位齐参与的工作领导小组；定期召开联席会议，全面部署、统筹推进创建工作，努力打造区域教育优质均衡发展的硬环境、大格局。区委、区政府将创建全国义务教育优质均衡发展区的内容写进政府工作报告，列入每年党委、政府的重点工作。由区人民政府教育督导委员会牵头，确定教育改革发展目标和重点任务，构建顶层设计。各职能部门先后出台了《南山区教育质量攻坚五年行动计划》《南山区教育事业发展第十三个五年规划》《关于进一步推进南山区义务教育优质均衡发展的实施方案》《南山区北部片区教育优质均衡发展三年行动计划》《南山区公益民办学校综合办学水平进一步提升攻坚方案》等系列指导文件，为创建工作提供政策保障。

南山区加大政府投入，提升治理能力，关心创建主体，以评促建、以评促改，着力推进教育供给侧改革。区委、区政府主动派发教育"大礼包"，实施"三优先"，抓好"三落实"，推进"三均衡"，开启全区上下"对标攻坚"行动，全面推动优质均衡发展区创建工作，形成全区合力迎评的良好局面。

实施"三优先"，体现了政府履行教育职责的决心和担当。优先发展教育，切实以全力推进教育优质均衡发展、办好人民满意的教育为奋斗目标；优先安排经费，近几年，公共教育财政经费投入从2017年的55.2亿元，增加至2020年的74.55亿元，涨幅35.05%，2021年的教育预算达到76.8亿元，约占公共财政预算支出的23.85%；优先规划学校，近五年，增加学位供给4万多座。

抓好"三落实"，让每个孩子有学上、上好学。严控班额，刚性落实小一班额 45 人、初一班额 50 人的标准，成为全市率先达标区；落实非深户学生上学，符合在深就读条件的适龄学生义务教育入学率和完成率均达 100%；落实全纳教育，特殊儿童入学率达 95% 以上。

推进"三均衡"，打造老百姓家门口的好学校。推进南北均衡，深化多元合作办学和集团化办学模式，打造"南山北"优质教育新高地；推进公民办均衡，实现全区中小学公民办结对帮扶率达 100%，组织精英教师深入民办学校交流业务；推进新校老校均衡，要求新学校办一所优一所，将老学校纳入集团联盟管理，全面提升办学水平。

（二）问题导向，压实主体责任

在区、局领导的关心支持下，教育督导科全力以赴牵头开展各项创建工作。制定《南山区教育局创建全国义务教育优质均衡迎评工作方案》，印发《南山区创建全国义务教育优质均衡发展区资料汇编》。聚焦主要问题，协调相关职能部门，压实主体责任，统筹推进各项迎评整改工作有序进行。

聚焦"超标准校额、超标准班额"的突出问题，成立跨部门的学位建设专班，协调联动。由区主要领导任专班组长，统筹学位建设工作，加强各部门之间的协作，探索土地集约管理的新机制，深挖学校扩班潜力，保障学位供给。科学规划和调整全区义务教育学校的建设，提高建设标准，由原来 5 500 元/平方米提高到 7 000 元/平方米。构建"六三一"学位供需动态协调机制（提前 6 年预测小一学位需求，提前 3 年规划学位建设，提前 1 年落实学位供给），加大学位预警片区的学校建设力度。2019 年至今，新开办中小学 5 所（含特殊教育学校 1 所），增加学位 8 040 个，义务教育阶段学校通过拓展空间、挖潜扩班等措施，两年间妥善解决近 9 000 个学位缺口，不断满足群众对优质教育的期盼。

聚焦运动场馆面积不足的问题，联合南山区教育科学研究院、区教育局办公室及计财基建科等部门共谋解决方案。采取"上天入地"

睹近思远

的增容办法，指导学校向内深挖环境潜力、向外延伸拓展空间，租借校外体育场馆 88 945 平方米、教辅用房 45 028 平方米，解决了全区 27 所学校体育运动场馆或教辅用房不足的问题，确保活动用房和体育场馆指标达标。

聚焦教师配置、骨干教师占比不足等师资不均衡问题，联合人事科与教科院教师研训部等部门共同发力，按照"行政"和"业务"两条路径来规划教师发展。出台《南山中小学教师"区管校聘"管理改革实施办法》，加强中小学教师统筹管理，优化教师资源配置，加大在编教师招聘力度。建立 37 所教师培训基地学校，开展校长领导力提升培训、精英教师共享计划、先锋计划学员挂职锻炼等多项措施，提升教师专业素养，组织 50 名精英老师深入北部片区学校交流，分批组织"先锋计划"学员挂点民办学校，全区交流教师占教师总数的 13.1%，其中骨干教师占比 24.6%。实现全区中小学公办民办结对帮扶率达100%，义务教育阶段音乐、美术、信息技术、科学等学科教师配备满足率 100%，骨干教师覆盖率 100%，全区教师继续教育"5 年 360 学时"达标率 100%。

聚焦民办学校整体提升问题，联合终身教育和对外交流科、区教育科学研究院，助推公益民办学校教育质量提升工程，拨付 825 万元作为 6 所公益民办学校优质均衡发展迎评创建专项经费，实行区教育局领导班子包干负责制，公民办学校结对帮扶，助力民办学校优质均衡发展。

历时三年的创建，南山区于 2020 年 9 月在全省率先通过全国义务教育优质均衡发展区市级复核。

（三）质量攻坚，夯实整改成效

"国势之强由于人，人才之成出于学"，教育事业是党之大计、国之大计。构建义务教育优质均衡体系，不仅是南山区经济社会高质量发展的迫切需要，更是南山区勇当粤港澳大湾区及深圳先行示范区建设排头兵的重要举措。

南山区教育督导坚持问题导向，在学校迎评工作指导方面，采用全面统筹和个性指导点面结合的方法，科学调研、精准施策，强化整改举措，夯实整改成效。教育督导科对全区学校指标达成度情况进行综合分析，结合实际进行科学研判、分层推进。面对学校迎评经验不足的问题，教育督导科编写了《让每一所学校都优质——深圳市南山区创建全国义务教育优质均衡发展区案例集》。以精准迎评、精细建档为目标，设计了区、校两级迎评档案目录，研发了相关建档表格，规范制作了区、校两级档案资料，确保迎评档案规范翔实、统一准确。组织召开全区学校迎评建档工作会议，为学校建档工作提供专业指导，提升了全区学校迎评档案质量和建档工作效率。

南山区责任督学挂牌督导工作一直走在全国前列，是推进现代学校治理转变、保障教育公平的重要举措。在教育督导科的统一部署下，中小学专职责任督学严格按照工作方案，组织学校自查与片区交叉检查，督导跟进各学校不达标项目整改进度，督促学校自查自改。聚焦"校额班额""场馆建设""师资建设"等关键指标，责任（区）督学经常性深入学校，通过实地查验、问题反馈，协调解决问题。对未达标学校采用"集团作战"等方式，指导学校智慧化解超标准班额的难点痛点问题。通过实施"周报告""定点突破"等多项制度，南山区逐步形成了智慧督导、精准督导、对标督导、协同督导的教育督导新常态，指导并支持每一所学校更新观念，持续改进，内涵发展，努力实现"让每一所学校都优质，让每一个教师都精彩，让每一个孩子都幸福"的教育理想。

全国义务教育优质均衡发展区的创建、迎评是一项复杂的系统工程，南山区教育督导坚持督政、督学、评价监测三位一体的教育督导体系，保障了优质均衡创建工作的顺利推进。2019 年 11 月成立南山区基础教育质量监测中心，建立区质量监测中心、教育督导科、学校三级监测体系。由主管副区长任领导小组组长，每年拨付质量监测专项经费 55 万元，为开展监测工作提供经费保障。聚焦校际差异问题，先后出台《南山区关于加强基础教育质量监测及结果运用的指导意见》《南山区义务教育质量监测结果应用工作方案》指导开展监测工作。区质量监测中心依托教研员和责任督学，进校开展质性调研，关注监测过程与问题反馈，定期召开全区基础教育质量监测结果报告会、学校监测结果应用现场会，对区、校监测结果进行二次解读，督促学校以测促学、以测促行，全面推动南山区义务教育质量监测结果的应用。

坚持质量攻坚，推动优质均衡区创建整改成效不断走向深入。本着为创建工作提质增效的目的，教育督导科组织骨干督学及迎评办人员远赴已经通过教育部实地验收的浙江省嘉兴市海盐县、宁波市江北区两地及上海市普陀区学习取经，组织撰写考察报告，借"他山之石"为全区义务教育优质均衡发展整改工作提供决策依据。南山教育督导工作在推进区域义务教育优质均衡发展的道路上留下一串扎实的足迹。

三、创建成效

（1）率先在全省开展全国义务教育优质均衡发展区创建工作。在土地资源稀缺的大背景下，所有学校的校额、教学教辅用房、体育运动场馆、资源配置均整改到位，推动了公民办学校、南北部学校、新老校之间的优质均衡发展，形成全区上下齐心、合力迎评的良好局面。

（2）率先在全省通过义务教育优质均衡发展区市级复核。南山区优质均衡整改工作高效务实，成效显著，荣获区委嘉奖令，并作为唯一发言单位在全市教育工作会议上做经验交流。获市教育局表扬通报，得到市、区领导批示表扬。

四、行动反思

迎评创建过程是一次整改提升、追求优质的过程，更是一次梳理总结、深度反思的过程。我们在抓实抓牢这项工作中付出了许多艰辛，也对评估指标有了深度思考。

一是将国家义务教育质量监测的校际差异系数作为必达指标是否恰当？国家义务教育质量监测的区级样本量只有 20 所学校共 600 名学生，对比全区近百所义务教育阶段学校及 10 多万名在校中小学生，抽测到的学校和学生有很大的偶然性。国家义务教育质量监测中心明确表示监测结果只用于工作研究，不作为对教育行政部门和学校的评价依据，不与奖惩挂钩，原始数据也不向任何部门和个人公开，不对监测结果进行任何形式的排名。因此，建议将国家监测中心反馈的区县学生学业成绩的差异系数作为优质均衡非必达指标，与全国义务教育质量监测的初衷保持一致。

二是评估指标是否可以考虑尊重历史遗留问题和客观实际既往不咎？深圳市教育局自 2019 年开始，要求各区招生工作严格落实小一、初一班额为 45～50 人的标准。南山区依据政策认真执行，实现了全区一、二、七、八年级均无超标准班额情况。然而，在此政策未下达之前，为满足南山区高科技人才涌入的学位需求，少数学校部分年级存在超标准班额的情况。建议充分考量南山区作为粤港澳大湾区核心引擎和深圳先行示范区中心城区的现状，本着尊重历史、着眼未来的科学发展观，对历史遗留问题既往不咎（例如毕业班年级保持现有状况），对现存情况中能够租借场地的则尽快协调解决，确实无法租借场地的则以安全维稳为顾，尽可能满足辖区居民的义务教育学位需求。南山区土地资源极为紧缺，学校用地资源配置不均衡，为解决教育短板，区委、区政府一面优先规划办学用地，一面加强新建改扩建学校力度，且根据深圳本地实际情况，使新学校建设标准高于国家义务段学校建设标准。如仍要按照优质均衡指标来落实校额，则会造成高标准建设的校园设施空置浪费。建议国家细化指标要求，根据各地实际情况，对评估指标做分类指引。

三年多的创建工作有艰辛，有困惑，更有欣喜。南山教育人的锐意进取、智慧创新，体现了"勇立潮头、敢为人先"的特区精神。面向未来，南山区将牢牢把握粤港澳大湾区、深圳先行示范区"双区"

驱动和深圳经济特区、深圳先行示范区"双区"叠加的黄金发展期，以创建全国义务教育优质均衡发展区为契机，继续扛起广东省教育排头兵的使命与担当，努力创建世界一流教育，更好地满足经济社会发展和人民群众对优质教育的需求，办好人民满意的教育，跑出社会主义现代化建设的南山教育"加速度"。

南山区推进教育评价改革工作情况报告

李雪亮*

南山教育全面贯彻落实《深化新时代教育评价改革总体方案》，把深化教育评价改革列入重要议事日程，强化党对评价改革工作的领导力度，充分发挥教育评价的指挥棒作用，引导确立科学的育人目标，确保教育的正确发展方向，切实强化为党育人、为国育才的初心使命，切实强化立德树人体制机制，切实引导破除"五唯"顽瘴痼疾。通过把立德树人成效作为根本标准，不断推进政府履职评价工作；通过持续改进学校及教育人事评价，纠正片面追求升学率倾向；通过突出师德为导向、创新教师专业发展及评价模式以全方位评价教师；通过改革学业质量及综合素养评价，构建以突出学生全面发展为导向的学生评价体系。

一、经验做法

举措一：系统推进政府履行教育职责评价。一是提高站位，强化区域统筹。区政府成立了以区长为首的履职领导小组和以区教育局局长为首的履职工作小组，充分发挥区人民政府教育督导委员会的作用，从区级层面整体部署年度履职工作内容及要点。二是明确任务，

---

* 李雪亮，教育硕士，深圳湾学校教师，南山区教育局督政督学。

细化责任分工。定期召开区教育督导委员会议，分析解读政府履职年度评价方案与评分细则，专题讨论区政府年度履职任务与部门分工。制订迎评工作方案，组织召开协调推进会，向参会单位阐明年度履职内容和分工要点，布置履职和迎评工作任务。三是严格把关，推动履职达成。区教育局牵头组建迎评工作小组，全面梳理区政府年度履职情况，广泛汇总各方材料，形成区级自评报告，向上报告问题隐患，向下督促整改落实。强化实施教育督导，及时发现问题，查漏补缺，以评促建，推进政府切实履行教育工作相关职责，提高教育质量，促进教育公平，提升教育服务经济社会发展能力。

2021年，南山区政府履职成绩被评为优秀，连续四年名列珠三角核心区48个县（区）第一名，蝉联全省冠军，夺得"四连冠"。

举措二：持续改进学校及教育人事评价。一是改进学校评价。在校、园长年度考核期间，局机关职能科室从等级评价、"负面清单"、亮点工作三个维度综合评定学校管理水平，通过区分校际间差异，强化考核评价效果，建立反馈约谈机制，局领导对综合评价排名靠后的校园长进行约谈，要求及时整改，优化提高，改进工作。二是改进用人评价。要求学校规范职评程序，实施职称评聘"聘后管理"制度，突出教育教学实绩，破除"一聘定终身"的弊病；建立转岗调整机制，对教师在聘期内因故不能胜任教学工作的，学校可做降级转岗安排。

自实施聘后管理规定以来，30所学校对213位周课时量不达标的教师进行了限时整改，18所学校将40位任教非学科教师调回了本学科或相近学科，19所学校将因各种原因无法胜任教学工作的34位教师转去了教辅岗位。此举使得聘后消极怠工，能上不能下等问题得到了有效解决，保持了教师队伍活力。

举措三：创新教师专业发展及评价模式。一是实施"精英人才校园共享计划"。选拔公办中小学、幼儿园各学科精英教师至区域民办学校、新建学校、薄弱学校交流轮岗，同时安排第四届精英教师中的党员教师交流至民办学校兼任第一书记，进行"党建＋教学"双重示范引领，通过传、帮、带有效促进相应学校办学质效提升。二是实施"榜样教师辐射影响计划"。区级榜样教师，以"身边的榜样，前进的力量"为主题在全区范围内开展巡讲，推进师德师风建设，形成"源自学校—成为榜样—辐射经验"的发展评价模式，带动区域教育优质均衡发展。

截至 2022 年，通过"精英人才校园共享计划"和"榜样教师辐射影响计划"，共产生了 70 名精英教师和 10 名榜样教师。他们刻苦钻研、履职创新，为我区教师专业发展路径探索及评价模式创新提供了宝贵经验。

举措四：改革学业质量及综合素养评价。一是推进我区义务教育学业质量评价改革。区教科院牵头统筹，将达到国家规定的义务教育课程学业质量标准要求的期末卷面得分评价占比设定为 70%，将过程性评价占比设为 10%，将反映学生德智体美劳全面发展整体水平和变化情况，以及学生个性发展的学科综合展示评价占比设定为 20%。学校和学生可自主选择学科自选项和必选项予以展示，是最大的创新点。二是推进初中学生综合素质评价改革。明确综合素质评价是对学生全面发展状况的观察、记录和分析，是发现和培育学生良好个性品行、发展个性特长的重要手段。注重考察学生的日常行为规范养成和突出表现，将综评分解为面向所有学生提出要求的基础指标和体现学生个性特长及突出表现事迹的添项指标，分别关注学生的良好品行和学生成长过程中参与的个性活动经历及所获荣誉奖励。

目前，南山区共有 44 所初中和 79 所小学全面参与义务教育学业质量评价改革，该项工作也被列入"南山教育改革重大项目"，赢得社会及媒体的广泛关注，获评《南方都市报》"深圳教育改革创新大奖""年度最受欢迎的教育实事"，被本地广播电台媒体"先锋 89.8"誉为"712 模式"。

二、推进教育评价改革的问题和困难

（1）学校评价方面。目前沿用市级办学水平评估模式，暂未形成区级层面的学校办学质量评价标准和体系，对包括学校办学方向、课程教学、教师发展、学校管理、学生成长、学业负担、社会满意度等要素在内的评价改革，尚未建立区级层面系统综合的评价机制。

（2）学生评价方面。"712模式"评价与新课程改革的基于核心素养的导向，在强化考试评价与课程标准、教学的一致性，促进"教—学—评"的有机衔接，增强日常考试评价的育人意识，注重伴随教学过程开展评价等方面还需进一步完善。学校在具体操作上也存在一定的差异。

三、下一步计划

（1）强化区域评价顶层设计。从区域、学校层面以教师和学生发展为中心构建多维度、一体化、系统型的教育评价模式，深度推进教育评价改革。探索与新课程改革理念相一致的南山区"十好"学校评价模式，建立南山区卓越教师发展性评价模式。进一步优化教师评优评先评价制度，进一步规范教师职称评聘制度，向教学业绩突出的一线教师倾斜。

（2）继续优化综合素质评价。建立完善中小幼一体化德育评价体系，根据学生不同阶段的身心特点，科学设计各级各类教育德育目标要求，引导学生养成良好的思想道德、心理素质和行为习惯，传承红色基因。通过信息化等手段，探索学生、家长、教师以及社区等参与评价的有效方式，客观记录学生品行日常表现和突出表现，特别是践行社会主义核心价值观情况，将其作为学生综合素质评价的重要内容。深入推进基于核心素养的新课程改革，继续深化学业质量评价的改革，在南山"712"表现性评价的基础上，运用数字化技术手段，关注学业成就，探索增值评价，建立素养导向、成长型思维、表现性视角的学生综合素养评价模式。

直面监测问题　靶向督导促变

——福田区关于国家义务教育质量监测结果的应用汇报

舒锦萍[*]

深圳市福田区第 13 片区的责任督学，成员共 9 人，分别为兼职督学、专职督学和特约督学。这些督学成员大多是从事教育管理工作多年的校长、副校长，还有教研员、区人大代表和政协委员等。

挂牌责任督学的主要督导事项有：

（1）校务管理和制度执行情况。

（2）招生、收费、择校情况。

（3）课程开设和课堂教学情况。

（4）学生学习、体育锻炼和课业负担情况。

（5）教师品德和专业发展情况。

（6）校园及周边安全情况，学生交通安全情况。

（7）食堂、食品、饮水及宿舍卫生情况。

（8）校风、教风、学风建设情况。

督导工作的主要任务，简单来说就是督政、督学。去学校如何督导呢？就是督出实情，导出实效。督学所做的一切行动源于"寓导于督，服务发展"的理念。

---

[*] 舒锦萍，深圳市福田区第二实验学校党总支书记，深圳市督学。曾荣获"全国素质教育模范校长""南粤专家型校长""深圳市三八红旗手"等荣誉。

督导的学校有四所并都各具代表性。分别是：

（1）东海实验小学（高档住宅区内的品牌学校），2004 年开办，现有 2 000 名学生。

（2）下沙小学（城中村示范学校）是全国文明村下沙社区内的小学，1938 年开办，现有学生 1 500 名。

（3）新沙小学（高科技城中村预制学校），1908 年开办，现有 1 500 名学生。

（4）竹香学校（深得社会关注的特殊教育学校），成立于 2016 年，为辖区内智障、自闭和脑瘫少儿提供义务教育，现有 60 名学生。

作为责任督学，我们的角色不光要成为学校问题的发现者，更要成为现状问题的诊断者和办学行为的监督者，坚持做到督导并重，为学校发展既护航又助力。

以下将从三方面来作具体汇报。

一、分析数据，发现问题

根据 2017 年收到的国家义务教育质量监测数据（小学语文学科四年级）分析，我们发现了以下问题。

（一）区域内学校差异大

第 13 片区有东海实验小学这样的优质学校，也有下沙小学、新沙小学这样的城中村学校，还有竹香学校这样的特教学校。虽然都是公立学校，但各校所在地域、生源、办学时间和规模，还有办学理念、特色各不相同，学校间差异很大。

所以，我们在区监测数据上，根据不同学校还通过调查问卷、座谈访问等形式，发现问题、分析问题、研究问题和解决问题。通过努力，这些学校之间的差距近几年正在逐步缩小，但不可否定的是差距肯定是客观存在的。

（二）学生课业负担重，教学效率须提高

无论是从区质量监测数据，还是从我们责任区减负问卷调查来

看，福田区学生的平均作业时间要高于深圳市平均值。这说明部分教师在一定程度上仍然依赖通过增加练习量来提高学习成绩，导致学生课业负担过重。因此，丰富课堂教学手段、转变教与学方式，努力提高课堂效率势在必行。

（三）阅读能力有待加强

从监测结果看，福田区学生参加课外辅导的时间要高于深圳市平均值。这也说明福田区的学生参加课外语文辅导是普遍现象，而且所参加的语文类课外辅导主要集中在阅读。

通过图1我们也能看出：学生的课外阅读量和学业成绩成正比，课外阅读量越高，学业评价成绩越高。

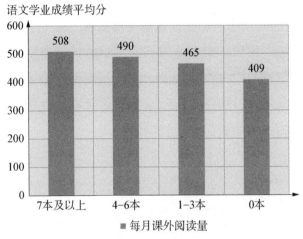

图1 阅读量与学业成绩关系

（四）学校的读写课程不能满足学生的个性化需求

从监测结果看：

学生语文课外辅导时间主要是指学生参加校外语文辅导班（包括家教）的时间。以福田区四年学生为例，我们可以从图2看出：福田区学生参加语文相关课外辅导的比例高于深圳市、广东省和全国，说明福田区小学生参加课外辅导的情况相对普遍，且时间较长。同时学生所参加的语文类课外辅导主要集中在阅读和写作两个方面，这也说明学校的读写课程不能满足学生的个性化需求。

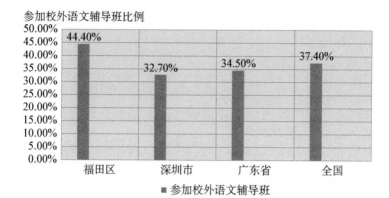

图2 不同区域内学生参加校外语文辅导班的比例

（五）学校的阅读环境和阅读课程不够完善

由图3可见，福田区学生每周到图书馆的借阅频次低于深圳市均值。这说明在学校的图书馆建设上，阅读氛围的营造上，阅读课程的开发上存在明显不足。如图4所示，福田区还有一些学校没有图书馆和学生未去过图书馆的情况。

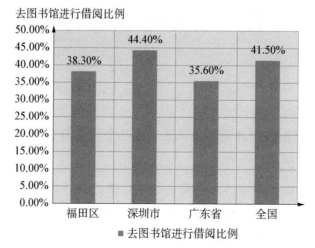

图3 各区域学生到图书馆借阅图书的频次

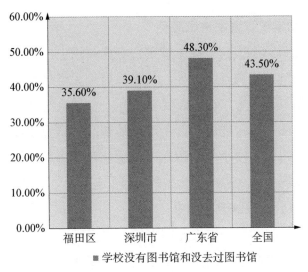

图 4　各区域学校没有图书馆和学生没去过图书馆比例

通过调查我们发现图书馆使用率低，借阅频率低，学生课外阅读时间少，阅读面窄，其原因在于：一些学校的阅读环境打造及图书馆建设仍显不足，甚至对于图书馆的规划建设以及阅读课程的开发和实践重视程度不够；一些学校馆藏图书配置不合理，图书类型单一或图书更新不及时，脱离了学生生活和时代；也有部分学校的图书馆规划设计及借阅时间安排不合理，如书架过高，分类不清，借阅不便等。

针对这些情况，作为责任督学，我们要成为社会各界的联系者，教育行政的协调者和教情民意的反馈者。

二、针对问题，靶向督导

通过对质量监测的数据分析，加上对片区内学校的实际调研，我们发现：指导学校开展好阅读是促进学校优质发展的突破口，是儿童健康成长的重要条件。因此，我们全体督学一致行动，聚焦儿童阅读，指导学校开展了一系列旨在提高学生的阅读兴趣、培养阅读能力，养成阅读习惯、形成阅读文化的活动。

（一）协助学校改善硬件设施

全体责任督学多次向上级主管部门、向政府、向社会，甚至向两会提案，帮助学校协调各级领导，请求政府加大学校投入，帮助学校改善硬件设施。近年来，在东海实验小学一楼架空层新建了一个优雅舒适的小脚丫图书馆；把历经百年沧桑的新沙小学重建成了一所高科技预制学校。协调下沙小学申请专项资金装修图书馆、阅览室，改善学校的阅读状况，极大提高了学生的阅读兴趣。

（二）联系公共设施充实图书

积极帮助学校和深圳市少儿图书馆、福田区图书馆、中心书城等单位牵线搭桥，解决学校图书数量不足、更新速度慢等问题。定期为学校更新图书，指导学校在引进图书时要注意书目类别涵盖广泛，让儿童喜欢的书籍在学校间流转起来。

（三）指导学校发挥图书馆功能

一是指导学校营造浓郁的书香校园。下沙小学、新沙小学在各班级和楼层均设立了各种形式的图书角，使学生能够时时读书，处处读书。

二是指导下沙小学研究科学的分级阅读。为不同年龄段的学生推荐符合学生认知发展水平的阅读书目，让阅读更符合学生的身心特点，呈现系统性和梯度性。此外，尽可能以课题研究引领深入开展儿童分级阅读研究。例如新沙小学就依托"五坊""两小院"等研究团体，努力推进"阅读研究"。

三是指导新沙小学开设整本书阅读课程。在多种整本书教学的课型中培养学生的阅读习惯、提高阅读兴趣、提升阅读能力。另外学校还要注意阅读过程中的评价手段要多元而有效，可以采用激励性评价、过程性评价、结果性评价等评价方式。

（四）鼓励学校开展多彩活动

督学确保每月至少一次进校督查，雷打不动。将学校一些好的做法和经验及时辐射其他学校，同时有针对性地指导学校开展丰富多彩的阅读活动。竹香学校是福田区第一所特殊学校，开办三年多，肩负着福田区特殊儿童的教育重任，面对自闭、智障儿童，需要极大的耐心与爱心，如何读懂这些来自星星的孩子呢？教师们如何在困难重重的工作中怀揣一颗积极向上、充满阳光的心灵呢？学生阅读有困难，我们老师先读，再带着孩子读。共读经典、轮流分享《论语》，收到了很好的效果。东海实验学校的阅读活动颇具特色，刚才已经介绍过，这里不再赘述。各学校特殊节日的庆典活动也精彩纷呈，去年的元旦辞旧迎新活动，我们督学应邀从上午九点到晚上九点分别跑场去了四所学校观看孩子们表演。

（五）指导学校组织互助交流

责任督学利用自己的独特身份，主动为片区内学校穿针引线，引导他们资源共享、互学共进。东海实验学校发挥自己的辐射引领作用，下沙小学、新沙小学等学校每年三月份组织课堂教学交流活动，三所学校的语文老师交流的重点之一就是如何引导学生开展有效阅读、兴趣阅读、习惯阅读。学校之间的交流互动让大家取长补短、优势互补、资源共享，对缩小学校之间的差距、促进共同发展效果明显。

作为责任督学，我们是素质教育的推动者，教育质量的评价者和典型经验的发现者。

三、精准督导，效果显著

经过坚持不懈的督导，第 13 片区学校学生的阅读状况有了极大改善，学校也开始迈入高质量发展新阶段，各项事业也在更高起点向更高水平跃升。

1. 东海实验小学

原来的荔轩小学蝶变成家长们争着想把孩子送来读书的"东海实验小学"，小脚丫图书馆课程体系效果明显：第一，图书馆借阅量大大增加，学生阅读兴趣以及核心素养大大提升；第二，学生语文成绩有所提升，2019 年上半年，在福田区四年级学生质量监测中，学校语文平均分、优秀率、合格率均列全区前茅；第三，学生语言综合能力显著提高。学校 2017、2018 年连续两年在福田区现场作文比赛中获得一等奖；2018 年在福田区读书月"好书我推荐"活动中荣获特等奖；2019 年福田区环保诗文朗诵比赛，三个朗诵节目均获得一等奖。

2. 下沙小学

红树林校本课程的开发与实施彰显出书香校园风采，让孩子们养成了爱读书、会读书、读好书的良好习惯，感受读书之美，影响儿童的人生观、世界观和价值观。下沙小学以品牌课程打造出深圳市科创教育范本，也打造出优质教育的名片。

3. 新沙小学

将阅读与写作教学结合起来，相辅相成，全面提升语文教学质量，并取得了初步成效：

（1）学校在 2019 年"我最喜爱的童书"活动中荣获"最佳组织奖"。

（2）学校利用有限的空间环境为学生创设无限的阅读资源。

（3）学生的习作能力迅速提升，多次在全国和福田区组织的中小学作文大赛和朗诵比赛获奖，学生在《小作家》《红树林》《遇见》等杂志上发表作品达 40 余篇。

此外，晨诵、校园铃声和国学课堂相结合，让学生感受了国学的精妙，唤醒了学生的诗心，提高了学生的语文素养。2019 年 11 月学校被授予"教育部中华经典诵读工程'最美诵读'实验基地"。

4. 竹香学校

教师通过读书群分享有价值的阅读书目，分享自己的阅读感受，通过阅读进行自我教育，实现自我提升。用古圣先贤的智慧武装头脑、润泽心灵，提高自身修养；让幸福特教走进孩子世界。

总之，质量检测是全面评价教育质量和教育均衡发展的"尺子"，让各区域、各学校摸清自己的长处和短板，找准自己在全市、全省及至全国坐标系中的位置，为改革提供突破的"口子"，为教育督导提供依据和方向，也为教育宏观管理和科学决策提供依据。

理性之瞳

知化社会与未来教育

贾笑纯

督学工作有两大要义：一个是督，一个是学。虽然学指的是学校，指的是教育教学，但在这里也不妨为其另取其义，叫做学习。因为如果一位督学不去学习，到学校就什么都看不明白，只能胡乱指点，害了学校。

督学的学习基本分为两大类：其一是学习党和国家的教育政策，学习教育法规，因为督是依法依规而督，不是信口开河。所以这方面深圳市人民政府督导室就做得很好，经常组织学习。例如领导人的讲话，教育部的文件，以及市区有关部门的一些政策。另一点则是学习相关的业务知识，其中就包括对学校发展和未来教育走向的研究。深圳市督导室的几位督学也定期在一起讨论，共同探讨这些问题，以求跟得上时代对教育的要求。这些讨论的观点，经整理后形成读书心得，以备同仁共享。

一、雾霾带来的教育启示

2016 年 12 月，北方乌云密布，天气阴冷，空气凝滞。由新疆、内蒙古等地刮来的粉尘与本地取暖燃放的煤烟、汽车的尾气、工厂的废气纠缠在空气里，形成了严重的雾霾。中央气象台和地方气象台几乎同时发布了雾霾红色预警信号。这就意味着，明天中小学、幼儿园停课。

西安，南依秦岭，北靠黄土高原，置身在南北相夹且被渭河切分的八百里秦川上。河西走廊自然将冷风与沙尘吹经这里，并滞留于此无法扩散。于是西安这一天也循例放假，中小学生留在了家里。这种天气令西安 26 中的一位语文老师陷入了忧虑。她知道，自己班的学生明年 6 月就要参加中考，减掉寒假和其他假日，只有五个月时间了。她不想再因雾霾白白损失掉本就不多的学习时间，于是独自回到教室，将自己的智能手机支在讲台上，对着空无一人的教室，上了一堂即时录播的语文课。

没过几天，中央电视台新闻频道在黄金时段报道了此事。据说，那天收看和学习这节语文课的受众达到 9 000 余人。

我们认为，雾霾天里的这节课，不仅是一件可供茶余饭后聊做谈资的新闻，更是一种启示，一种对知化社会与未来教育的启示，10—30 年内，如果我们还能记起这件"小事"，我们就会明了它的时代意义。

二、知化社会与教育改革

知化的意思是"赋予对象认知的能力"，例如我们赋予计算机各类认知功能，这位西安 26 中的教师赋予了手机教育传播的功能，又如我们今天的电子支付、网上购买、电子邮件、网上写作等。这些不胜枚举的生活现象或是"赋予"，概括起来就是一句话：人工智能。

支撑知化社会的是未来科技。所谓未来科技，并不是我们认为的那么遥不可及。按照《未来世界——改变人类社会的新技术》一书的作者史蒂芬·科特勒的说法，未来已在眼前，未来已经到来。那么又是什么在支撑着未来科技呢？美国研究学者凯文·凯利在《必然》一书中说：近期的三大突破将开启人们期待已久的人工智能时代，那就是廉价的并行运算、大数据、更好的算法。意思是新的 cpu 集群，超大规模的数据库以及可以自我"深度学习"的超级计算机。在我们的认识中，可以初步理解为大规模的集成芯片、量子计算机和互联云。

计算机将在数百万甚至数亿的数字"神经元"网络中飞速运行，并为诸多的人工智能提供技术基础和核心。人工智能将改变我们社会的许多现存的业态，取代大多数领域的人，像从事复杂及危险工作的工人、仓库搬运工、医院配药师（某些医院已经在做）、快递员、司机、文秘、家政员、清洁工，还有战争中的士兵等。这些我们今天基本上已经看到了。"取代"是指旧业态的消亡和新业态的诞生，比如机器人、无人驾驶汽车、智能秘书和无人机，人工智能就是促成新业态的基础。

人工智能是互联网时代的产物，它连接着世界上的几乎所有的人，也将今天连接到未来。它改变着我们的生活甚至思维，也必将改变教育。这种由知化的社会连接起来的教育，就是未来教育。它是互联网和人工智能条件下的崭新的教育业态。

教育的新业态是针对教育的旧业态而言的，在中国，严格意义上说，旧的教育形态只有两种：一种是绵延数千年的私塾教育，其特点是针对性极强的一对一或一对若干的精确教育，私塾先生熟悉自己不多的几个学生，明白他们的知识空白和学习缺陷，因此可以及时调整教育策略。但是，它的缺点是教育成为一种小众的事业，知识在这种形态下无法普及到大众中去，知识分子成为社会上的少数族群，治国者几乎全都产生于这个阶层。另一种则是班级教学形态。这种形式解决了教育受众不多并难以普及的问题，使教育极快地成为一种大众的事业。但是毋庸讳言，这样的教育缺少了对个体学生的针对性。班级教学中，教师要么是以学困生为参照，影响其他学生的学习进度；要么以尖子生为参照，让部分学生"陪太子读书"，而大多数教师采用的是取中等生的进度为教学依据，让两头的学生各有损失，总之是无法像私塾一样进行精确教育了。

义务教育无法解决此类矛盾，于是就在高中学校上做文章，例如将学生通过考试分类，"名校"就去照顾尖子生，普通学校等而次之，职业学校再等而次之。我们现在不是没有认识到上述问题，近些年来各种教育改革从理论到实践均作出了努力，虽然有一些作用，但并未从根本上解决这一问题。因此我们看到的是教育的有识之士在改革中苦苦挣扎；看到的是教育的主管部门每年都在倡导教育改革。于是我们思考：知化社会会引起教育的新变革吗？这种变革带给教育的是终极性的还是公路上的又一次变道呢？

三、未来教育及教育新业态

谈及未来教育，我们必须要为其做一个基本的界定：它不仅有基于永续发展的先进的教育认识，还要有实现这一认识的先进的技术支撑。换言之，就是今天所追求的智慧教育。

但是智慧教育是一个笼统的说法，在今天，无论是人机互动还是即时反馈，无论是白板显示还是平板操作，这些都只是迈向智慧教育的微小一步。真正的智慧教育应该担负起未来教育的核心功能，例如改变现有的师生关系，在学习中确立学习主体，给予更好的价值观教育、针对性的学习和辅导，改变课程模式，消除应试教育（注意：不是应试），最大限度地扩展学习受体，百业百工都可以获得高等学位，甚至在人工生命、芯片植入等现在已有的技术进一步发展之后，学习将不再是重复认定前人已有的研究结果，而是将这些结果存储在记忆芯片里，随时调用，那时人脑将腾出大量的时间和空间用于创新。

我们可以描述一下未来教育。

——师生们拥有一个共同的学习平台，它是由俯拾皆是、司空见惯的超级计算机连接而成。由于芯片的极小型化，这类超算可能像一方手帕，可以任意展开叠起，非常方便。

——这种平台是多边的，内容多元，是各种知识的集成。它可以帮助你在强大的互联网上搜索自己想要的任何知识。当然，仅仅搜索还不够，因为互联网上能提供的知识太庞杂了，于是教师会指导学生将自己的知识缺陷输入，学习平台就能为你量身定制，筛选出符合你所有需求的知识（过滤）。在这些知识里，平台还会根据你的学习特征进行优先级推荐，让你在针对性极强的知识环境下进行高效率的学习。

——基于网络平台的教育本身就带有教育均衡的基因，它不会在财力资源分配、物力资源分配、人力资源分配等方面厚此薄彼；教育公平也随之而生，教育者，天下人之权利也！教育成为人们的一种生活追求，它不会为地域、学区、红线、户口、年龄、贫富等因素所束缚，每个人在互联网环境下的学习都是公平的且各取所需。当然，道德教育不能或缺，例如诚信（这将成为未来社会的通行证）、以民族的就是世界的为核心认识的爱国主义教育、在共享原则上的友善、通过实时互动联系的尊老爱幼等，甚至利用大数据结果进行的生态文明教育，都将彻底改变我们今天枯燥乏味的德育说教。学生在网上不是德育被动的受教者，而是"互联网道德规则"（姑且这样定义）的自觉执行者。这些德育内容的评价，可以在网上通过积分等手段对学习者进行奖励与惩罚，就像是"京东"上的诚信积分与奖励，或者像摩拜单车对守规矩的骑行者所做的那样。

——这时，学生将是整个学习活动中的主体，一切都围绕着"这个"学生——一个学习过程中的个体的人在构建学习过程，课程的指向性非常单一，学习的精确性也非常高。而教师只能是学生学习时的辅导者，如美国教育家罗杰斯所言，师生角色"天然地转变了"。

——而经由互联网所建立起来的无数个学习平台，将联系所有学习的人（甚至可以是全社会的人），虽然进度不一，内容不一，学习方向不一，但所有人都在学习未来社会有用的知识。统一的中考、高考失去了因教育资源匮乏而进行的选拔性，因而也就毫无意义。毋庸置疑，"应试教育"将被终结。一些旧有的教育模式、教育机构、教育业态将轰然倒塌。代之而起的是网上学习、网上考试。人脸识别技术将比今天的高考更真实、更诚信。甚至考试也不用只在六月的那几天，随时掌握了知识随时可以开考，学习的目的不再是机械记忆和重现，而是应用和创新。文凭将在能力需求下（能力是知化社会的典型需求）

变得不再重要。

——当然，教育的业态也在改变。比如届时大学是否还有必要存在？我们知道今天的大学因其专业设置相对于社会上百业百工呈现的是一种碎片化的结构，它满足不了人的需求，也满足不了社会需求。互联网可以解决这一问题，也就是说，可以把千军万马争相先过的独木桥变成宽阔无垠的坦途。再有，班级是否也要改革？例如，由于不再以集体上课为主要学习方式，班级是否可以叫"学习群"？班主任或科任老师是否可以成为"群主"？而群主的职责就是帮助学生和辅导学生。如果需要一个讨论的环境，学生可以集中到一起，也可以用虚拟现实的技术（如 VR 技术）相互交流。这些当然要靠自愿。教师既然是辅导者，因而必须了解学生，但已经不再是通过批改作业和形影不离的笨重低效的方式来进行。互联网解放了教师"笨拙"的劳动，教师只需要点击一下鼠标，就能轻松了解自己的学生，不论是学业水平、缺陷，还是思想状态，而针对性的教育方略计算机早就为你准备好了。

——师生的阅读方式将发生重大改变，"屏读"会代替阅读。千百年来，人们从口口相传到书籍阅读，从马头琴的悠远歌声到竹简的嘈杂声响，阅读方式一直在不停地改变。今天互联网和智能手机代替了当年的五辆牛车和今天砖头一样的大部头，甚至代替了刚流行不久的口袋书，以"知识流动"的特质在改变所有人的阅读习惯。虽然今天学校教育还在拒绝手机进校园，但是将来（意思是不久），屏幕阅读将在技术支撑下，利用搜索、过滤、推荐等手段以及轻盈、软质、光线柔和等特质代替书籍，使学习更便捷，更有效。

——教育评价也在因互联网而变革，它将不再是我们今天年终决算的形态，每到一定时间，例如期末才做一次总体评价，也不是今天课堂上教师对学生的主观随机的评价，而是在互联网学习环境下的实时评价，只要一个教师打开超级计算机，就能了解到学生在网上的所有学习动态和客观评价，甚至于每一分每一秒。计算机的评价预警系统还会提醒这位教师什么时候，在哪个方面需要及时对学生加以关注。同理，督学工作也会随之改变，计算机会对学校进行客观评价，它将克服督导专家的主观性和经验主义，使评价及时而准确。当然，前提是学校还是现在的业态。

四、未来教育的核心理念

（1）共享。有人说：共享就是一种数字共产主义，它区别于政治共产主义而运行在文化和经济领域里。共享是知化社会的核心理念，也是未来教育的核心理念。不论是小到共享单车、读书漂流，还是大到物联网或工业互联网，其核心都是共享。共享有如下特征：①合作。在数字共产主义环境下，学习是公共的，大家共同使用一类资料，在一个群里共同讨论，学习既是个体的，也是小组或学习群的，甚至是成百上千人的（例如2016年雾霾西安26中青年教师的网络课）。②协作。小组或学习群的协作超过无组织的合作，教师作为辅导者在协作中发挥主导作用。③集体主义。共享技术使个体和群体力量同时最大化，那些知识产权的问题在最大程度上可以忽略不计。未来将出现一批集体软件农场、信息公社这样的机构和产业实体，为学习提供支持。在这种环境下，人才能真正得到解放。

（2）流动。流动是指数字流，是知化生活的写照。未来社会处在"流动"当中，流动即连续的变化，例如我们生活中的账单，从一年一结变为一月一结，一日一结，到今天微信支付中的即时结算。流动有几个原则性特征：即时性、个性化、解释性（用知化方式提炼重点并解读）、可靠性（较之人类误差几乎为0）、实体性（虚拟现实技术）、可赞助（后台服务，包括教育辅导）、可寻性（搜索），这些都将在未来教育中出现。

（3）屏读。屏幕阅读是流动的一个例子，在人类发展史上，我们经历了言语之民——书籍之民——屏幕之民的发展过程。屏读可以把一本一成不变的书变为"书页是流动的、版本是流动的、介质是流动的、创作也是流动的"书。屏读在今天与书本阅读虽然产生了巨大冲突，犹如家长与孩子，教师与学生等，而且限制屏读在当下仍是正确的做法。但是屏读势不可当，它是未来教育的主渠道（人们会从习惯书籍阅读很快转到屏读）。

虽然书籍可以培养深思的头脑，但屏读可以飞快地获得结论，使思考的结论成为共享。一个民族舞者不用绞尽脑汁也会获得数学高考题中不等式的结论。一个物理学家同样可以有丰富的人文精神享受。头脑不再用来背古人的《汤头歌诀》之类，而是用来继续创新。

（4）使用。使用并不需要拥有，它是互联网环境下的一种常态生活（学习）方式。例如摩拜单车。使用包括几个原则：①减物质化。例如一间智慧教室是不需要黑板、粉笔、课本的。②多功能化。使用范围的扩大依据互联网和简便的终端。③即时性。师生互动、同级共享、平台协同。④个体化。针对个体学生的教学，精准地帮助他们获得对自己最为有用的知识。⑤去中心化。实现私塾教育精准化和班级教育普及化的统一，教室或许只是知识学习的资源室，教师是辅导者，学校被互联网代替，再也不是学习的中心和垄断者。⑥依靠云技术。云越大，设备越小；云是教育的备份；人们不拥有云，只使用云。

（5）过滤。我们对网络为什么心存疑虑？原因大概有以下几种：①内容庞杂，影响我们的专注力；②良莠不齐，不良信息充斥；③搜索碎片化，每次都不能得到系统、完整的知识；④其他。

过滤是解决以上疑虑的唯一途径和后台技术手段，未来网络学习的重要工具就是过滤器。例如谷歌作为今天的过滤器，每天可以从350亿封邮件中进行筛选，还可以为你推荐"优先级"。将来理想的过滤器可以帮助学习者选择最有用的知识，也可以帮你选择相邻的、差别不大，但或许更有用的知识，甚至能帮你了解你的学习群中的其他同学正在关注哪些知识，以及提前介绍一些将来你要涉及的知识。过滤可以为学习群里的每一个学生进行"私人订制"，过滤掉你不需要或已经掌握的知识，给你提供要求继续学习的知识。

（6）重混。未来互联网上的资料，例如电影、小说、戏曲等，并不是作者、导演的个人专有，数字技术可以很轻易地将其改变，创作出新的开头、结尾，版权在共享环境下不再是值钱的商品，你只要告诉电脑你的兴趣爱好，它就会通过对相关内容最广泛的搜索，给你提供一本小说或一部电影。因为它可以将所有素材重混。这就意味着我们的教案可以在共有知识的基础上，根据不同的学习对象和辅导要求进行任意的编排，我们的慕课、微课使用起来也会更加方便。

（7）互动。互动将是教学中必须实现的互联网技术，它不是单纯的交互式白板技术的应用，而是让学习者在虚拟空间感受真实，例如全息投影、VR 技术、谷歌眼镜等。随着计算机技术的飞速发展，虚拟真实将会从视觉、听觉发展到触觉，而云储存的扩大，也会使这些设备越来越小，功能却越来越多。这一点正是前面说的减物质化。

（8）追踪。追踪是一种监测，利用数字技术完成监测，如同通过传感器监测水污染、大气污染一样。监测是一种实时动态的行为，包括自我监测和第三方监测，和我们年终才有的总结是两个概念。目前在电力监控、垃圾焚烧等领域已经被广泛地使用，其追踪反馈是毫秒级的，一旦出现异常，会立即触发预警和报警系统，工作人员将及时处理。

（9）人工智能。人工智能将在诸多领域逐步取代人。除了互联网设备之外，人工生命、永久植入等新的技术也必将引起教育的变革甚至颠覆，而这一切在今天，已经到来或正在到来。若以芯片迭代的速度来判断，人类迎接未来教育只需要 10～30 年。也就是说，今天一个刚入职的年轻教师，在他的教育生涯里，将要不停地去迎接这些新生的事物。因为未来已经到来。

理性之瞳

学校文化管理的视角和维度

贾笑纯

学校管理的方式有很多，如我们早期所说的 X 管理、Y 管理和 X + Y 管理理论。其中 X 管理认为人天生懒惰，要时时鞭策，定量定时，跟踪催促；Y 管理认为人性自律，要明责放权，让人自觉按照职责做事；而 X + Y 管理则是这些管理方式和管理思想的有机融合。这些管理方式的核心明显区分出了管理方和被管理方，把人作为被管理对象，无论严苛与怀柔，都不过为了将其管理统驭。

从管理的另一个角度说，这类管理又可分为人的管理和制度管理，可以说前者属于 X 管理范畴，后者属于 Y 管理范畴。在学校里，人的管理曾经大行其道。其中最著名的口号就是"一个好校长就是一所好学校"。当然，从对校长的约束和要求来说，这个口号无可厚非；从强调校长在学校发展中的作用来讲，这个口号也说得过去。但是这种过于突出管理者作用的逻辑表述就有所不通了。如果站在这个逻辑的反面问一下：是否一个坏校长就会是一所坏学校？是否一个好校长调走了学校就不知所以，学校师生的作用就荡然无存，制度就形同虚设？显然这种提法是过于依赖个人作为了。

而制度管理则是针对人的管理的另一种提法。制度是保证管理不会偏移的准绳。在制度约束下，被管理者可以明确自己行为的尺度，进而自觉遵守。但是制度是彼时彼地为人们划定的一种界限，在一定的管理时效内，在一定的管理对象中，它具有相对合理性。但是毋庸置疑，在此时此地，随着管理条件的转变，制度的滞后性也就会凸显出来。例如在学校，对上学的传统管理方式是不准迟到，这一条在每一个学校制度中都有，而在特殊时期，上网课则不用来校。虽然两种方式都非常合理，但制度实际上被打破了，因为任何制度都无法涵盖整个社会生活，学校也不例外。

还有一种流行说法叫"制度下的人性化管理"，这算是两者的结合，自然比前面的单项管理要科学，但仔细一看，还是 X + Y 管理的翻版。

我认为，管理的最高层级是文化管理。文化管理之所以成为管理中的最高境界，是因为这种管理相对于前面的任何一种管理模式，它的本质都是将管理者和被管理者融为一体。不仅是大家共同制定规章制度，更是大家都有一个共同目标，都有一种共同追求，也就是说，都希望实现一个共同愿景。正是由于这三个"共同"，文化管理就成为大家的自觉管理。

那么学校文化管理应如何实施呢？首先，我们应该从学校发展和师生发展的角度提取核心要素，形成学校文化管理的基本框架。我认为，学校文化管理有七个维度，这也是我们审视学校完整工作的七个视角，即：

（1）理念文化是学校文化管理最重要的文化标志；

（2）制度文化是学校文化管理最基本的文化标志；

（3）课程文化是学校文化管理最核心的文化标志；

（4）师生文化是学校文化管理最鲜活的文化标志；

（5）环境文化是学校文化管理最多彩的文化标志；

（6）特色文化是学校文化管理最个性的文化标志；

（7）未来文化是学校文化管理最前瞻的文化标志。

应该说，从文化管理的七个维度去审视和管理学校，现代学校管理的完整框架就勾勒出来了。那么我们如何把握学校文化管理的七个维度呢？我认为可以从每个维度的核心要点加以剖析。

首先是理念文化。教育理念是学校领导和教师共同的教育认识和追求，是在党和国家教育方针的统领下，以高度的文化自觉来概括和梳理学校的教育认识及办学思想，科学归纳理念表述，将理念与学校发展的实际相联系，外用其形，内展其魂。因此其核心要点是理念体系、理念高度、理念实施三方面。

办学理念体系属于顶层设计，是校长提出并经教师认可的具有对学校教育指导性、自觉性、目标性的理论归纳。不同学校还会根据自身特点，注重特色表述和实践性。

在理念体系中，首先是办学理念。这是党和国家教育理念的下位概念，是学校办学的总体指导思想。它要回答三个问题：为何办、办什么、怎样办。其次是办学宗旨，它是办学的目的和意图，是将办学理念中的观点、思想、看法具象化并贯彻实施。再次是育人目标，它是办学宗旨的主要体现，侧重于师生的共同发展。还有学校愿景，体现大家教育的共同向往。比较重要的是一训三风。其中校训作为刚性要求，是全体师生共同遵守的基本行为准则和道德规范。校风、教风、学风是要求师生需要形成的校园文化风气和精神面貌。

此外还有一些略微下位的文化要求，如课程文化、学校 LOGO 和校歌等。

我们知道，制度本身也是文化，只是更广义一些。学校制度文化管理则是在学校理念文化的指引下，形成的学校各项工作的保障。制度文化管理的核心要点是制度完善、制度创新以及制度应用。

制度完善是一个相对概念，它要求制度的制定要尊重"民意"，例如学校章程制定的民主程序。在章程原则下，要有各部门制度，如管理制度，学习制度，安全制度，学生自我管理制度，考核、评价、奖励制度，惩罚制度，以及财务、总务和民主监督制度等。制度的建立不是一成不变的，应该随着时间、实践和教育发展的需要加以变革，这就是制度创新。制度的最终形式是对制度的执行，单一的制度文本不是完整的制度文化。

学校文化中的核心标志是课程文化。课程文化建设除了国家课程之外，主要是校本课程文化建设。课程文化要有明确性，即课程建设要与办学理念相统一，要与新课标相统一，要与育人目标相统一。另外，课程文化要有稳定性，即课程建设要成体系，要持之以恒，切忌杂乱拼凑。同时课程建设要依据学校、社区、周边的社会文化环境来进行，也就是要有学校特色。因此课程文化建设的核心要点是课程理念、课程体系和课程特色。

课程理念的制定不仅要遵循上述三个"相统一"，而且要与课程目标相联系。课程目标不是单一的，它是依据育人要求制定的多元目标。例如人文素养、科学素养、劳动素养、社会参与等，这些多元目标分别统领相关联的多门校本课程，每门课程又有共同的育人指向。当然，作为课程来说，按其规定的要素，学校还要配套完成课程计划、课程实施、课程考察、课程评价以及教材等，这就基本构成了学校课程体系。而课程特色则应在自身特点的基础上，提炼课程的内在品质和外在形式，在独有、精美、前瞻的前提下，形成对学校课程体系的引领。

师生文化建设的重点是学校活动文化，这是学校文化管理最鲜活的标志。在教师层面，包括了教学活动、教研活动、学习活动、文体活动、社会活动、工会活动等。在学生层面，包括了道德实践、学习活动、文体活动、校园劳动、特色学习、社团活动、社会实践等。师生文化建设因为其鲜活的特性，所以其本质是生命教育和幸福教育。因此师生活动文化的核心要素是教师发展、学生发展、发展平台。

教师发展涵盖了物质发展和精神发展两部分，它必定是随着学校的长期发展而不断实现的各个阶段的短期需求。这些短期需求是学校必须重视的，每个教师个体需要实现的"小目标"，例如进修学习、成绩肯定、职称评聘、提高工资等，此外对教师的生命关怀如文体锻炼、身体生活、家庭朋友等也都是教师发展的基础。

学生发展则包括行为习惯养成，人生观的正确建立，文明素质的

理性之瞳

养育，文化知识及科学素养的培育，劳动知识和劳动技能学习，体育技能、健康知识及品质毅力的锻炼，审美观及高尚情操的熏陶等。作为学生活动文化鲜活的体现，还要重视学生天性的放飞、引导及保护。

师生文化建设的物质层面是师生发展平台的建设，学校应创造性地提供充足的此类条件。除了我们经常采取的"青蓝工程"活动、社团小组这些既有形式外，更重要的是调查、了解、提供各种符合师生发展的平台，落实师生发展供给侧的改革。例如学校以文化凝聚力为核心，形成教师队伍的学习型组织；弘扬师德师风，形成崇德敬业、厚生善导的教风；固化教师团队严谨务实、开放思变的工作作风，形成教师团队争鸣、思辨、尊贤、探究的民主学风；落实骨干教师传帮带机制，鼓励教师参加各类继续教育，加大对教师现代教育技术的培训；开展经常性的沙龙式的学习等。在轻松、愉快、民主、争鸣的气氛下进行心智思维的改善，完善教研教改奖励体制、考核评价体制和经费保障。

环境文化建设不是单纯的自然环境建设，它体现的是校园整体的文化气息，蕴含着哲思、诗意、科学、艺术、人文、生态、文明、多元的文化内涵。它的核心要素是自然环境、文化环境以及办学环境建设。

自然环境建设的重点在于体现生态文明，这是环境教育的基础课堂。它不仅表现在绿化、美化、净化方面，更重要的是用大美校园的营造，生物多样性的布局来播撒生态文明意识和现代文明意识，形成德育、智育、审美的自然课堂。狭义的文化环境建设主要是指利用学校的空间如走廊、墙壁、教室营造学校提倡的文化主旨，像名人名言、诗词歌赋、科学成就、艺术展示等。当然，要注意疏密有间，不宜喧宾夺主，淡化主题。学习环境建设的重点是师生学习条件的完善，特别是功能室、电脑教室和现代教学设备建设。因为教育的未来必定走向智慧教育。

特色文化建设是学校的个性名片，它不是简单的项目特点，而是可以统领学校整体工作的引擎。学校特色文化建设的核心要素是人无我有、适宜适时、纲举目张。

人无我有是指特色文化建设要依据国家要求和自身特点，对家庭、学校、社区及地域文化有所传承。适宜适时是学校文化特色要符合时代要求、社会要求。而纲举目张则是学校特色文化必须引领学校全面发展。

这里需要强调的是，学校教育的某项特点并不能称为特色，例如有些学校的"足球特色""体操特色""书法特色""舞蹈特色"。这些特色严格来说仅仅是特点，因为缺少引领学校诸项工作的作用。而特色文化则应是对学校工作点、线、面的全面覆盖。因此特色文化建设首先要依据学校教育特点，提炼出精神实质和文化内涵，再将其融入学校诸项工作。例如足球这类项目特点，可以提炼出团队精神、奋斗精神、坚韧品质、争先作风，然后将其融入课堂学习、班级团结、品德培养、勇于实践等各方面。不光是宣传竞赛成绩，更要让足球运动成为足球精神，让足球精神成为道德风尚、学习风气、工作动力，形成纲举目张。这样，项目就形成了点、线、面皆具的完整特色。

学校未来文化建设是围绕未来教育展开的，其核心要素是人才储备、设备更新、数字教育。未来教育是这两年新兴的对教育形态的展望，它是基于近年来开始实施的智慧教育。在互联网＋、人工智能和大数据的条件下，现代技术正在快速影响教育。因此学校未来文化建设的首要任务是为未来储备人才，培养和充实教师队伍。要培养教育者的未来教育意识，增加教育者的现代教育技能，尽快使其转型为未来人才。因此，学校在开展教师培训活动中要注意，除了传统学科知识的培训，还要注重提升教师们的现代教育技能和知识，让他们有条件在智慧教育中进行尝试。这种尝试必须依靠现代教育设备的更新，例如建设未来教室，用学习资源室来取代传统教室"教与学"的单一功能，用互联网实现学校人力资源及物力资源共享，用 VR 或 AR 技术增加教学中的实感体验等。在数字教育中，可以有线上线下相结合的知识教育，还可以把数字教育条件下的德育研究作为课题，采集案例，形成教材，充实学校的德育特色，用先行一步的方式迎接未来教育的到来。

　　文化管理是人类社会管理的先进形式，不论文化内容随着时代发展如何变化，文化管理的实质是不会变的。学校文化管理当然也概莫能外。如果我们从上述七个维度和每个维度所包含的核心要素着眼，将学校管理的视角转到文化管理中来，那么学校一定会发展成为一所现代化的优质学校。

责任至上　履职求实

郑秉捷

　　深圳市责任督学从 2014 年 5 月开始在深圳市直属各学校挂牌履职。按照顶层设计和一系列政策法规文件要求，在市督导室领导下，我们秉持"责任至上　履职求实"八字理念，以务实的态度、扎实的作风、敏锐的眼光、专业的提示，努力做合格的责任督学。几年来，我们在建立督学工作运行机制、建立服务学校的工作秩序、务实创新搭建平台等方面做了一些开创性工作。

一、构建履职工作支持系统

1. 建立工作运行机制

建立"一室三会一培训"工作运行机制。

一室是指市督导室专门为责任督学设立"市责任督学事务中心办公室"，负责统筹责任督学的日常工作。包括确立责任督学分管学校的分配，确认 A、B 角分工或 A＋B 角联合工作机制，上传资料，联络学校，收集责任督学下校工作资料，通知和敦促学校整改等事宜。

三会是指督学会议部署会、期末工作汇报会以及每月集中学习例会。

开学初，市督导室召开督学会议部署会。学期末，市督导室牵头召开由市局领导和各部门领导参加的期末工作汇报会，由各位责任督学反馈意见和反映学校诉求。另外一个就是督学每月集中学习例会，学习交流有关教育政策法规新文件和教育改革前沿信息，阅读各校计划和评价落实情况，交流各校情况，确立本月工作侧重，统一督导行动规范有序，重大问题回复口径一致等。

一培训是指每学期培训各校负责接洽责任督学工作的校内督导员，各校交流配合责任督学工作的经验。

2. 建立工作秩序

建立责任督学工作秩序主要是指在学校层面建立三个回路。一是建立工作支持回路。各校建立了校内督导员制度，负责安排和协调责任督学到校后的工作，有的学校还指定了文、理督导员专门组织教研组老师参与督学听课评课活动，所以老师特别盼着责任督学到校，校长也满意。二是建立到校督导程序回路。我们督学走进校园，不要校长陪同，直接到校园各角落巡查安全工作，走进办公室了解依法治校管理工作，走进教室，走进课程，评估办学质量。三是建立工作反馈回路。学期初阅读学校计划，学期末检查计划完成情况。征求校长对上级主管部门的诉求，一并带到督导室会议上反馈给市局各个相关部门，并给予学校回应和解决。

二、彰显责任至上的表现力

1. 表达责任担当的专业品质

责任督学代表市督导室到学校开展相关工作，其表现力就是要用行动充分表达督学的工作责任心和履职专业品质，这就要求责任督学担好三个角色，建立三个话语系统。

一是作"扎下去"的教育者，凸显教育督导的专业性。每次到校一定要深入课堂，了解到学校管理的全面信息。开展教学视导，将听课、评课作为常规发展为品牌。学校充分利用督学听课评课的机会，由听个人课发展为教研组活动，力求做到"听后必评"，开展与教师的对话，表达教学价值主张。

二是作"走两步"的管理者，彰显教育督导的责任性，遵循巡视—寻思—归因—判断—建议—整改的流程。例如安全工作。生命安全：只强调安全意识还不够，要训练防护技能、防侵害技能、逃生技能、自救技能，还要关注学生的心理健康；政治安全：包括学校人员的政治正确，学校的网络安全，严格坚守义务教育阶段的教育主权等。

三是作"跳出来"的领导者，表达教育督导的全瞻性。跳出学校进行教育思考，提出建议供领导决策参考。例如：集团化办学是不是越大越好（规模、跨区、体制），挂牌办中小学（体制、机制），初中分层教学的背后隐忧（代价太大），引进博士等高学历毕业生与学校高级职数的矛盾，存不存在教育打假的问题等。

要担好三个角色，还必须建立责任督学的三个"话语系统"。教学的话语系统：听课、评课，讨论高考、中考、国家质量监测等，指导教学工作；学术的话语系统：能在学术研究活动中进行学术表达，能与一线教师对话、分享经验，帮助解决实践问题；行政的话语系统：能为行政管理者提供咨询并协助推进工作。

2. 建立工作威信

建立责任督学的工作威信至关重要。督学的威信来自工作中表现出来的水准，要让学校感到责任督学是行家，就要表达对学校管理文化建设的尊重和认同，要进入课堂体现出对教育教学的指导能力，特别是在研判课改发展趋势与提升教师教学能力等方面，发挥出其引领作用。能让学校认同责任督学对学校提出的各类建议，特别是发自内心地认可我们提出的整改要求。同时，威信的树立也增强了督学履职的自信。

威信的建立还在于自我定位。确立"我是学校的一员，是学校发展的支持者"的观念，找准切入点，聚焦"学校中心工作"，这与学校表达的"希望督学到校多听课、评课"的要求是一致的。作为一员，要表现出对学校发展的专业关怀，善于发现学校的亮点，提炼升华，诚恳地提出整改意见，敦促改进。真心反映学校的困难，力求上级部

理性之瞳

门帮助解决。

威信的建立还来自市督导室和教育局领导的关心和支持。深圳市教育局专门给市督导室建立二个责任督学工作室的指标，助力我们搭建平台，学习提升，交流辐射，旨在培养各级各类责任督学。市督导室领导对督学工作的指引、反馈、力挺、承担、激励、共商、合力，特别是对学校的回应，让学校感到向督学反映的问题真的传达上去了。

三、展现履职求实的创新力

1. 履职必须求实

履职求实一定要研判学校的发展阶段定位，正确认识学校发展阶段特征，把握不同阶段的侧重点，有利于督学根据学校的实际协助、指导现代学校"全要素结构"的治理，用督学的视野进行价值判断。例如，文化管理是学校文化建设的较高境界，是基于师生对文化认同的表现力，是走"文化立校"内涵发展道路的本质要求。学校管理一定要从契约管理走向文化管理，其重要表现是校长与教师的重心是否一致，只有教师对学校文化产生认同才能催生其文化自觉。

务实要基于服务的定位开展工作。督学到校一定要摆正位置，弱化"裁判员"形象，强化"参与者"身份，将自身置于学校一员的位置去发现问题，分析成因，提出整改建议。这就要求督学必须提升自身的履职服务水平，主要表现在三方面：一是要不断学习文件，把握政策法规，便于找准问题。学习课改发展的新要求，掌握新高考、中考的信息，有与学校师生对话的水平；二是实事求是坚持真理，依法依规监督，科学指导，公正评价，酌情反馈；三是促进市直属学校承担起示范的责任，培育样本经验辐射。督学每学期会选择一所学校开展集体专访，写出集体调研报告，供市督导室和教育局决策参考。责任督学既服务学校也为教育部门决策提供服务。

2. 履职追求创新

责任督学工作是全新的，没有固定模式，很多工作是在摸索中体现出创新意识。我们创新的工作主要表现在以下三方面。

一是履职活动方式创新。有个体督导、集体专访、联合视导。平日以个体督导为主，每学期一次集体专访，我们坚持每学期确立一个主题开展集体专访活动，由全体市责任督学集体专访一所学校开展专项督导，近几年我们已经完成全部中、小、幼的集体专访活动。为激励市属学校主动承担社会责任，培植典型示范项目，对有全市推广价值的项目，开展联合视导活动，由市督导室发文要求各区督导室派人参加联合视导。另外，根据教育发展过程中出现的一些典型问题开展专题调研，写出调研报告，为领导决策提供参考。

二是创新搭建平台。有市督导室网络平台，市直属学校反馈责任督学到校工作的交流平台，微信群平台，各校计划和总结评估交流平台。特别是为了开展专题调研，市督导室还开发了问卷调查、数据分析、结果反馈软件，便于督学开展网上调研工作。

三是创新搭建责任督学意见反馈平台。期末的督导室总结会，有局长、督导室领导、局各部门领导参加会议，听取责任督学反馈的各类意见，给予相关学校问题解决办法的回复。

四、分享几点履职经验

到了学校不必要校长陪同，也不必次次见校长。

评课一定要切合课改要求多找亮点，以肯定为主，既要大胆、坦诚地指出存在的问题，也要提出解决办法，更要跟踪整改效果。

对突发事件，一定要站在学校立场帮助思考对策。

科学、公正地评价学校的发展。

向上级反馈的事项一定要事前与校长沟通。

对本地教育的想法大胆说出来，为领导决策参考。

对有关教师利益的事项要反复提。

理性之瞳

请相关领导对督学反映的诉求尽快与学校沟通。

随着责任督学制度的不断完善，带给各位督学的不仅是角色的变化，更是对专业品质的新要求和专业素养的新标高。我们要坚守教育中的科学精神：坚持真理，实事求是；发扬教育中的敬业精神：责任至上、履职创新。

提升"四力"　不辱使命

童　玲[*]

　　长期以来，南山教育铸造出共同基础、和而不同的学校文化面貌，多年的督学工作实践让我见证了一校一文化、一校一底色、一校一格局、一校一气象，进而使我感悟出督学不是行政领导，不是"钦差大臣"，而是帮助学校研究学生、研究学习、研究课程、研究课堂、研究资源，求索学校未来发展的促进者。因此，不断提升督学素养中的"四力"，即观察力、判断力、沟通力、表达力，至关重要。

一、敏锐观察，善于发现

　　作为协助学校解决疑惑的督导者，督学要有一双透过风沙看见骏马的慧眼，用心发现推广学校亮点经验与问题。很多时候去学校听取汇报、了解做法，往往会感到碎片化的信息突然呈现在眼前。面对这种情况，督学要保持清醒的头脑，依据督查专题项目要素，把准督查的方向，尽可能帮助受检学校发现经验，查摆不足，以至于"心服口服地"接纳评价整改建议。记得一次在学校开展"每月一主题"党建工作督导工作，由于该校相关信息下达不够通畅，致使学校负责专项

---

　*　童玲，深圳市首届教育督导评估专家库专家，深圳市优秀督学。深圳市南山区南油小学原副校长。曾获评全国教育系统劳动模范，并获得原国家教委等部门颁发的"人民教师"奖章。

工作的汇报者显得局促被动。当时我就产生疑问，该校日常管理扎实有序，此次为何反常？于是我便调整角度，以发问切入调研主题，然后现场寻访，召开教师座谈会，细心地观察，之后发现优劣，很快提炼出督导评价，保证了工作顺利进行。我常想，督学的号召力源于哪里？人品、督德、导能、个性，做有威信、有感召力的督学，才能"督"之有力、"导"之有效。

二、勤于思考，准确判断

督学是检查学校对国家教育方针、政策法规是否落实到位的人，有时候担任的是"啄木鸟"角色，发现不足，寻找病因。督学要敢于讲真话实话，当然，前提是如何取得学校的信任。因此，督学要力戒形式主义，尽量不干扰学校的正常工作，更要不断思考岗位职责，反思自我，提升水平，勇于纠错，实事求是又防止指手画脚。

督学要有为学校分忧，为学校服务的心态。首先，要悦纳责任区内各学校的管理风格、办学特色和发展水平；其次，要防止用上级文件"一刀切"的要求，控制学校办学思路和办学行为；最后，要相信任何规定从接受到内化是需要时间的，不要急于求成，要多些耐心，启迪思考，共谋发展。

记得有一次到一所学校督学，在四年级"道德与法治"的课堂上观课，教师正组织学生讨论时，突然响起一阵怪异声，原来是一男生的电子手表响了，引起哄堂大笑，教师走过去提醒后，大概过了 5 分钟，手表又发出响声，学生们再次哄笑，教师提醒"关上"。只见那位男生一副窘态，越想关越关不上，再响再笑……一节课很快过去，遗憾的是教师只顾上课，没有及时捕捉这一课堂生成的信息，运用教学机智组织一次全班共识性习得活动，而且恰恰是一节值得用生活问题导入的"道德与法治"。课下与教师交流，"你认真备课，充分制作了课件，很想完美展示，给观课者好印象，却对"预设之外"的课堂问题不敢触动或只做简化处理，生怕完成不了自己满意的预设"。我的判断，正是老师所想，在发现中准确判断，会增加评课观点的认同度，助力教师专业发展。又如，教师批改作业是教学常规的一个重要环节，在处理家长投诉事件时，被投诉的现象可能表现在教师身上，是对学生作业批阅不及时或有布置无检查等。督学首先要深入课堂观课取证，访谈学生以了解教师的做法是偶然还是经常；接着客观公正地通过采集的信息思考分析，究竟是教师本人职业态度问题还是学校管理标准不够明确、过程监督不到位。如果是经常且没被发现，那么学校管理部门的监督机制就没有发挥好作用；如果发现了又没有及时指正，就应该问责职能管理部门。最后还要以认真负责的态度，督、导并举，及时与校方沟通反馈，切实指出问题根源，同时给学校提出针对性、可行性强的改进对策。由此而见，督学要学会透过现象看本质，根据表象作出正确判断，提高自身诊断问题和解决问题的能力。

三、诚于帮助，灵活沟通

督学是指导教师课堂教学改革的协同者，凡事多站在学校角度，督要发现亮点，导要讲究方法策略。在南山区义务教育质量监测专题督导时，我调研了多所学校"道德与法治"的课堂教学。我通过观课感受到多所学校教师的共性优点是：备课认真，云技术使用侧重点在搜集图片、视频歌曲、歌舞、地图等资源方面，与教学内容契合度较高，助力学生学习；小组合作学习体验分享，参与度较高；师生关系融洽，教学过程比较关注全体。个性化优点是：有的教师基本素质好，微课再现学生校园竞赛活动的场景，真实可信，有创意；有的班级学生学习状态投入，学习任务基本落实到位，多项体验活动中增强了学伴之间友善合作的素养；有的班级活动展演中角色认同度、默契度较高，相融性强。

所存在的问题是"硬伤"，也可以说是共性问题的核心，只要解决好，其他小问题自然会迎刃而解。如何给学校反馈？表扬是一种激励，是发现美并固化推广的责任；分析存在问题，分析归因寻找解决的有效方法，也是责任。督学要持诚恳的态度具体问题具体解决，或与教师直接点评，或引导学校共同寻找整改办法，直到问题解决。我往往采用小问题口头反馈给执教者，督促其尽快改进见效果。管理层面的共性问题则用书面"点穴"反馈，引起重视。例如开出以下建议"菜单"：一是加强"德育"学科组建设，强化"道德与法制"教研活动，聚焦课堂，规范课堂结构，旨在提高教学目标的达成度，凸显德育课程明理导行的学习策略；二是强化教学进度意识，全册教材共四个单元（16课），按照学期教学计划授课，相关处室坚持常规检查；三是强化课程意识，把握要义，在开足开齐的基础上，处理好学段教材与本学段必修教育专题之间的互相渗透、相互联结的内在关系，力求学生在自己熟悉的生活环境中学会生活、学会做人，提升素养；四是关注学生课堂表现，强化学习过程中的及时评价，赏识鼓励，渗透情感态度价值观的教育；五是教师研读教材、预设教案力争立足社会、人文和自然，赋予时代气息，引导学生关注身边的事例，相机疏导或给予学生机会，抓学生情感主线启发感受感悟，通过动之以情而晓之以理，实现"道德与法治"学科育人的价值。我体会到，为振奋学校的士气，调动教师队伍的积极性，可以把发现的问题灵活地变成建议提出来，既点明"痛处"，又开出"药方"，达成督导共建过程。

督学在"月专题"督导过程中，一要用心，二要细心，三要诚心。以用心保证反馈的观点鲜明、客观、准确，在表达上不会过于拔高或过于贬低；以细心保证采集的信息和数据准确无误，避免问题诊断与事实不对应；以诚心达到情感共振，激发动力，真诚为本，净言可贵。

四、精于求证，客观表达

近年来，南山区督导创新"3＋X"督学组队模式，每次去学校都不是"单兵作战"。在与责督合作中，执行力、自身修养和团队协作是工作顺利开展的法宝。换言之，要多角度、全方位地对学校工作进行监督指导，起步于组内成员每一个问题的设计、每一个数据的获取、每一个案例的分析、每一个观点的形成，所以合作更显督学本色，你中有我，我中显你，团队成员的责任感、执行力、协调能力、解决实际问题能力都会直接影响督学工作的成败。

督导中，目之所及，校园的多样化气象，师生群体的温度感，校长的行事风格等都有其独特性，督学要胸中有数。特别要防止督导中的"哑言"和"胡言"现象，既要了解掌握关于学校常态的真实情况，认真履行督导工作职责；又要有明确的方向感，深入现场、重点考察、跟踪督查、掌握信息数据，再提炼观点，做好发言。可以说，督导学校也是对督学个体的挑战。只要密切关注受检学校的"人"的发展，做到尊重、理解、包容、帮助，督学的"四力"就会在督导实践中逐渐提升。

我认为，督学虽不是行政领导，但代表政府执行公务，督学的专业精神、专业眼光、专业水平无一不体现智慧性劳动。服务性共创方面诚心督、悉心导，注意把握好几点。一是在了解学校内涵发展所体现的变化方面，责任区学校之间少用横向比较，多看起点，看变化，看发展。二是依据评价项目指标的要求，客观反映，数据说话，事实佐证。三是慎重运用定性评价语，或启迪、或鼓励、或点拨，无论采用何种方式督导，都要依据事实和数据，客观求证，提炼成观点。观点的基础是精于对现象、做法、问题、归因的合并整合和提炼。督学表述中没有观点的评价语等于无效指导，等于没有明确的航向无法航行。四是表达方式力求精准，凸显个性。尤其避免甲校的帽子戴在乙校头上。例如同样的评价语如何恰如其分？①校长尝试用梦想打造团队，再用团队去实现梦想；②校长正在用梦想打造团队，将来会用团队去实现梦想；③校长用梦想打造团队，用团队去实现梦想。三种表述方式的态势是不同的，感召力也不同。督导要导出新高度，督学须在实践中创新。我的体会是调研过程要严，要实；整合数据要清，要准；观点提炼要精，要明（不能模棱两可，含糊其词）；分享建议要适，要透。

南山教育督导不断创新"南山模式"，责任区督学们反思过往，明确方向，任重而道远。一个不学习的个人，没有未来，一个不学习的单位，没有前途。督学的学习必须成为刚需，寻找自身督导能力的"洼地"，找准四个发力点，学以致用，好学善悟，在实践中磨炼，不断提高解决问题的能力和创新能力，方能敬畏职责而不辱使命。

责任，引领督学成长的旗帜

童 玲

督学是一种称谓，更是一种责任。深圳市义务教育阶段学校办学水平评估的实践让我感受到，是责任的旗帜引领着督学们的成长、成熟、成功。

一、自发源于责任——自发的周末研讨会为试评探路

翻阅布心小学"课程与教学"组的反馈意见，往事历历在目。

2010年11月3—5日，布心小学作为试点评估校之一，接受了以深圳市人民政府教育督导室领导和处室人员为主体的评估组的评估。我有幸被通知参加该校评估，分配在"课程与教学"组。那个时候，深圳市义务教育阶段学校办学水平评估工作刚刚启动，有些学校领导感到迎接评估时间紧迫，任务繁重，甚至把评估当作上级检查工作。督导室通过开展各类培训，已通过评估学校的经验分享等，尽可能地提高评估督学和受评学校的认识。

因为是试评，试行"评估方案"犹如"摸着石头过河"，所以市督导室高度重视。姚一勤处长亲自督阵，王巍处长带伤领队（当时脚扭伤，架着拐杖坚持在校评估）。

我们组经过三天的课堂观察、听课交流、查阅教案与作业、语数英三科能力抽测、科组长（备课组长）座谈会、部分师生访谈及查阅

"学校学年度课程总表"等相关资料，对照"评估方案指标"对布心小学的教育教学进行全方位评估，最后总结出要回答三个问题：学校办得怎么样？教师教得怎么样？学生学得怎么样？我和龙华区满小螺校长经研讨确定了布心小学办学特色：一是学校创造性地组建"五大中心＋三层级（中心—科组—备课组）"，强力推动确保全课程观和课程系统落实；二是学校信技校本课程特色鲜明，如学校十多年前就开始着手校园综合网络建设，并先后开发建设了"鼠标下的……"和"实践大本营"等20多个专题，给师生提供了丰富的课程平台；三是学校不断挖掘利用多媒体课程资源，信息技术广泛应用于各学科课堂中，实现课堂教学全覆盖；四是学校师生关系融洽，课堂教学中教师激情饱满而又态度认真，全心投入并努力化解大班额带来的各种困难；五是学校教学常规管理水平和整体教师课堂常规教学能力突出，在罗湖区质量水平评比中，总体成绩名列前茅。

到了评估结束那天下午，经过大组讨论，已初步形成口头反馈分报告，当时最初的指标组报告分为工作亮点、存在问题、几点建议三个部分。由于没有固定的格式，亦没有可参考的模板，黄绪信、李禾田、满小螺、徐素倪和我几位督学都对我们自己所写报告中的部分表述不太满意，心中没底。于是，离校前大家自发商定第二天（周六）上午集中在南山区华侨城小学（黄绪信校长工作的学校）继续深度研讨怎样针对学校相对薄弱的工作环节，既要摆明问题，又要透过现象分析问题的归因。结果那个周六永远定格在自发加班研讨办学水平报告的历史中。我们来自三个区的五位督学就布心小学的报告，在侨小的会议室逐句投影、逐段筛查，达成共识，最后形成可以提交给市督导室的文字报告。

二、真诚出于责任——评估遥远，真诚相近

2015年5月18日，受深圳市教育局、深圳市人民政府教育督导室委派，我们和喀什市督学组成的评估组，对喀什市一所市区小学进

行办学水平评估。

在与学校领导班子的见面互动会上，学校的一位领导非常详细地介绍了学校概况、办学现状和取得的成绩。作为评估组副组长，我考虑到领导管理、学校发展组还要承担评价学校自评自诊情况的任务，学校若不介绍做法，他们怎么评啊？于是我在现场请校领导补充讲讲学校是怎样开展自评自诊的？可能是面对异地评估组，女领导过分紧张，她讲来讲去还是只说学校的发展史和所取得的成绩。我考虑到此次评估是代表深圳助力喀什教育的发展，尤其这项评估要充分体现出发展性、诊断性、建设性，帮助学校构建自我诊断的长效机制，不能只根据会上不对应的信息给予一个粗糙的评价。于是我采取启发式，破解大问为小引：学校什么时候接到受评通知？具体按顺时回顾，做了哪些工作？取得了怎样的效果？遇到了哪些困难，怎么克服的？迎评过程中还有哪些困惑或问题？针对这样的互动，整个行政班子情绪被调动起来，大家终于知道该如何总结和表述自评情况了。散会了，学校的领导和老师们含泪表达感激之情，说深圳的督学对我们太真诚了，以往上级下来检查工作，如果发现问题，就会严肃批评，没想到深圳评估组督学们和蔼可亲，不找茬、不为难，教会我们怎样对做过的工作自我会诊，真诚实意帮助我们发展。最后我们评估组通过互动会了解，加之实地调查，形成了对学校迎评工作的如下评价："学校非常重视迎评工作，克服学校即将分流和领导班子刚刚调整等困难，把此次评估作为推动学校发展的良好契机，对学校各项工作进行了一次全面'体检'，以此全面梳理学校办学思想体系，提升办学质量，凸显办学特色。2014 年年底，学校邀请喀什市教育督导室专职督学讲解义务教育阶段学校办学水平评估的目的、意义、内容和形式，同时介绍了其他学校的做法和经验。随后学校首先分层次召开了迎评工作领导小组会议、5 个分项负责人培训会、部门培训会和全体教师迎评工作动员会，统一认识，明确分工；然后通过国旗下讲话、红领巾广播站、班队会课、学生大会等多种形式向全校学生进行了迎评宣传，号召全体学生以主人翁的姿态迎接办学水平评估；最后通过家长会、学校网站等多种途径将评估的消息传达给家长和社区，营造了良好的迎评工作氛围。"

"评估期间，学校以本色呈现工作常态，不粉饰雕琢，不掩饰缺点，展示了求真务实的学校精神和工作作风。建议学校一方面进一步学习和理解义务教育阶段学校办学水平评估指标体系，准确把握其内涵，发挥其导向作用；另一方面将自评自诊作为年度常规工作，不断提高自我总结、自我诊断、自我发展的能力。要主动地通过问卷、访谈、测评、观察等方式方法，收集教师、学生、家长对学校工作的意见和建议，查找主观预期与客观现状之间的差距，为改进教育教学和管理工作提供依据。"

评估的日子里，督学们行走在校园时，遇到的学生都能主动问好；下课后，低年段的孩子围着我们主动提问、交流，没有半点拘谨；督学去市少年宫了解艺术类社团活动，有学生主动带路，体现出礼貌与热情。

作为督学，了解掌握关于学校常态的真实情况，认真履行评估工作职责，是我们的本分。评估的学校相距遥远，督学的真诚相近无间。

三、快乐基于责任——快乐的共鸣是共同的成长

一次，有位跨区参评督学临时有事，需要紧急补位，我在评估组进校的第二天早上接到市督导室电话后，赶往宝安区石岩街道一所学校参加评估，顶替完成"学生发展组"的任务。在观课之后，我阅读了学校的自评报告，觉得"学生发展"部分几乎都是在总结学校的德育工作，未依据三个二级指标从学生发展的角度评价出学生群体素质和表现，也就是说这部分自评内容无法确定采集信息的"点"。我想到市督学培训时一再强调，要遵从评估的基本原则，侧重诊断服务，助力学校发展，以评促建，以评促改。于是我召集该校相关部门人员，

逐条研读《深圳市义务教育阶段学校办学水平评估指标体系》学生发展部分的相关指标要素，共同会诊、讨论学生当下发展的水平特征和不足。首先我们对办学水平评估体现以生为本达成了共识，明确学校发展的落脚点就是人的发展，以学生为本的可持续发展，才是学校得以发展的根本所在；其次，通过对三项二级指标（全面发展、可持续发展、评价）的解读，就学生身心健康，德智体美全面发展、可持续发展、激励性和多元性评价机制方面分析比较找出亮点和不足；最后，形成了校方主管部门的观点。我抓住学校自评的这个"点"，访谈学校其他行政和教师、召开学生座谈会、电访家长、问卷调查、观课、检查教案与作业等，搜寻信息加以佐证，拟出了评估意见。在评估组内讨论时得到评估组领队邱卫思处长、组长禹明主任的肯定。学校一位主任很感动也很高兴，连声说收获大，以后学校自评自诊"学生发展"时，再不会只写德育部门的工作了。那次虽然我是临时"救火"，但是评估过程带给我的快乐至今难忘。的确，快乐是构成工作兴趣的主要旋律，而制造快乐并不难，发挥所长，把自己所知、所得、所为与需要的人分享，在他人的快乐中自己也得到快乐。

透过"自发""真诚""快乐"三个事例，我感悟到"责任"的旗帜在心中飘扬。我想，督学要有明确的方向感和神圣的责任感，只要密切关注受评学校的"人"的发展，做到尊重、理解、包容、帮助，督学的诊断能力、督导水平就会在评估实践中获得提升。做任何事情只有将平凡的事情做好了，才会出现不平凡的结果，进而才会有深层发展。督学工作也不例外，脚踏实地一步一个脚印做好本职，能让平凡的评估工作通过努力变得不平凡。在办学水平评估工作中，评估组督学和受评学校教师、家长、学生们共同参与，共情共力，生成了一种自评、他评、互评的伙伴关系。在同一个评估指标体系的引导下，大家共同遵守学校教育教学常态，双方都在评估中追求发展，收获成长。

理性之瞳

督与导相结合　推进课堂高效

谈学兵*

一、案例背景

责任督学挂牌督导要服务于学校，服务于师生，服务于教育教学。发现学校问题时，要着眼于以人为本，通过倾听、询问等多种方式了解情况，做好相关各方的沟通交流，要认真分析获得的信息，明确责任督学的职责与权力，助力学校创办让人民满意的教育。前往学校进行随访督导工作时，我们的目的不仅是了解情况，发现问题，还要指导学校改进工作，帮助指导教师提高自身业务水平。责任督学应在履职的同时，尽到督学职责，充分发挥责任督学的"督"和"导"作用。

二、案例描述

到校随访督导过程中，我们发现部分学校存在影响教学质量提升的薄弱环节。学校调入了一批新教师，他们虽已取得教师资格证，系统学习过教材教法等专业知识，但走进课堂随听一节课发现，老师在

---

* 谈学兵，高级教师，获"黄冈名师""坪山区聚龙名师"称号，现任深圳市坪山区教科院中学物理教研员。

课上只管自己讲课，完全不顾及学生听没听懂，就这样稀里糊涂一堂课下来了，课堂效率不高，也不知道如何有效组织管理学生。面对这种状况，只是简单地给教师评一评，说一说，解决不了问题。学科督学有责任协助学校诊断问题，帮助学校分析、梳理、制定改进措施。同时，利用自己在教学研究工作中曾帮助指导新入教师积累的经验，定期下校深入课堂，帮扶指导新入职教师。如开学初，和他们一起研读、分析教材，制订教学计划，要求他们主动提出自己在教育教学中遇到的问题和困难。我们再据此进行分析讨论，制订出每周的教研活动安排。另外，主要从教师的备课、说课、讲课、评课、教学反思等几个环节入手，帮助他们提高课堂教育教学能力。从指导如何备课入手，让他们了解正确的备课步骤：首先是要统读全册教材，明确整体教学内容安排，弄清本册教材与前后教材之间的关联，本册教材单元之间的联系；其次具体研究每个单元的知识点、重难点、教学目标以及所需课时，和他们一起制订期末复习计划，深入研究每课时的教学内容，进一步指导他们编写课时教案；最后和他们一起备课、听课、评课等。

通过一段时间的实践指导，教师们的业务能力得到了普遍提升。有的教师能够逐步承担校级、区级公开课，学生的学习成绩也有了明显提高。学校对责任督学的参与非常满意。

三、案例分析

从上述案例中可见责任督学经常深入学校，深入课堂的重要作用。责任督学听课与一般教学人员听课有什么不同呢？

（一）明确听课目的，走出角色误区

听课的目的不同于教学专业人员，督学通过听课既要直观了解学校的课堂教学质量，又要通过对师生课堂活动的观察，考察学校管理的实效性。比如正确的办学思想是否得到贯彻、课程改革倡导的教育理念是否为广大教师所接受，新的教学管理制度是否建立，校本培训

理性之瞳

和校本教研是否取得实效等。听课作为督导活动中收集信息的重要途径之一，是一项专业性较强的工作，从某种意义上讲，更多的是"观课"，通过观察课堂教学，了解学校的管理，了解师生的互动，了解学校的常规。

（二）掌握评价标准，体现专业水准

从学校的角度看责任督学，其实是一种"仰视"。这里所说的"仰视"不是"高高在上"，而是责任督学更难的工作——"导"。"导"的水平如何就要取决于责任督学的专业水平了。一堂好课没有绝对的标准，但有一些基本要求。就倡导的"新基础教育"而言，大致表现在五个方面：一是有意义，二是有效率，三是生成性，四是常态性，五是有待完善。

（三）根据身份特点，做好充分准备

在选课环节更多的是要结合自己或督导活动所负责的内容来选。因为涉猎更多的学科和领域，对于督学的专业化水平提高大为有益，能从多维视角和多维层面看问题。课前准备环节要尽可能多地了解所听学科的课标和教材，了解学科相关理论和课改动向，这点也是最难做到的。听课过程要做好看、听、记、想四个环节，详细记录听课时间、学科、班级、执教者、课题、课时、教学环节、教学内容、教学方法，以及各个环节的时间安排，师生活动情况，教学效果和评价意见。课后交流环节要本着诚恳、负责、谦虚的态度与教师进行交流，既要把课的主要优点和亮点如实反映出来，也要把通过听课发现的学校其他方面的问题如实反映出来并帮助解决。

四、案例反思

实行挂牌督导是转变政府管理职能、加强对学校监督指导的重要举措，有利于延伸教育督导的触角，及时发现和解决学校改革发展中出现的问题，推动学校端正办学思想，规范办学行为，实施素质教育，提高教育质量，实现内涵发展。在本案例中，我们对学校问题的监督，使我们对"督导"的关系有了更深的理解。"督"就是要帮助学校发现教育教学发展中的问题;"导"就是要帮助学校分析问题的原因所在,协助学校找到解决问题的方法。这才是责任督学实施挂牌督导的价值所在。

理性之瞳

家校联盟合作育人策略研究

程悦坤*

《关于深化教育体制机制改革的意见》中指出："加强学校教育、家庭教育、社会教育的有机结合，构建各级党政机关、社会团体、企事业单位及街道、社区、镇村、家庭共同育人的格局。"网络学习中，现代家校合作共育问题探索引发了我极大的兴趣，以下结合深圳市南山区西丽小学家校联盟合作育人工作的开展情况谈谈自己的看法。

西丽小学秉承"教育就是生长"的办学理念，在长期的家校工作中，尊重学生的个体差异，重视不同家庭教育观的融合，坚持学校教育和家庭教学同向发展的教育理念，相辅相成，开创家校联盟合作育人的新局面。

一、创建优良师资队伍

（一）校长任职责任重

西丽小学重视家长学校的建设，成立了以张光富校长为首的家校联盟生长学习小组。学校将"生长教育"理念融入家校联盟，以"生长学习"为主要实施方式，吸引学校、家庭、社会形成合力，共同为

---

* 程悦坤，深圳市南山区桃源小学党支部书记、校长，"全国未成年思想道德建设"先进个人。

孩子的健康成长护航。张光富校长除了全面规划家校联盟的各项工作外，还定期开办家校联盟生长学习讲座，"爱与惩戒是教育的两条腿""看待西方教育不要一叶障目""合理对待教育弊端，充分利用学校课程资源"等话题成为联盟讨论的热点。

（二）志愿联盟合力行

家庭教育社会化是现代信息社会的必然趋势，建立社会、学校、家庭一体化的家庭教育网络，对于提高育人效果具有极为重要的意义。为了方便家长学校组织和开展工作，学校分层确立了三级家校志愿联盟组织，包括班级志愿联盟、年级志愿联盟和学校志愿联盟。学校提供平台，制定联盟合约，家长志愿服务，开展学习活动。

（三）教师退休不"退教"

退休教师们不乏丰富的教育经验，西丽小学合理利用教师资源，倡导教师退休不"退教"。针对不同类型学生的家长，组织退休老教师成立志愿服务队，定期进行"小班制"学习和讨论会。此活动一定程度上丰富了老教师们的退休生活，让他们的优秀作风得以传承，为年轻教师做了表率，推动了高质量教师队伍建设。

二、开设系列育人课程

在"教育就是生长"办学理念的指导下，西丽小学的课程体系也发生了切实的改变。学校结合学生的具体学情和成长需要，研发了有针对性、时代感强的系列德育课程，让孩子们在成长的道路上有所思，有所悟、有所得。

（一）仪式课程浸润心灵

为避免德育工作零散杂乱，学生成长中心对仪式课程进行了探索与整合，形成了如"奔跑吧，新学期"开学课程、"光阴的故事"毕业课程、"开蒙启智，律动生长"入校课程、"红领巾，飘扬在我心"入队课程、"磨砺成长"国防课程等。系列仪式课程的开发及实施，在学生心中植下了庄严神圣的种子，入情入心。

（二）活动课程丰富人生

社会实践活动课程化是对学生进行能力培养的有效方式之一。社会实践活动课程化的实施，加深了学生对科技、国防、环保、劳动、历史等各方面知识的了解，培养了他们综合思考问题的能力。

根据不同年级学生的年龄特征和需求，各年级各学期设置了不同主题的实践活动。低年级"人与自然"系列、中年级"人与社会"系列、高年级"人与自我"系列课程均受到家长及学生的一致好评。发现蛇口、环游世界、职业探索等课程已成为品牌，成为学生期待的体验课。

（三）节日课程文化传承

文化是民族的血脉，是人民的精神家园。中华文化源远流长、灿烂辉煌。学校以中国传统节日为载体，开发系列课程，传播中国传统文化。为着力提升学校的文化内涵，西丽小学节日课程围绕爱国、历史、人文、感恩、环保、民俗、健康等主题展开实施。学生参与方式灵活多变，古诗词吟诵、思维导图、戏剧表演、武术展示、绘画、写作等形式为学生探究性学习提供广博的舞台，既锻炼了学生的能力，又丰富了学生的精神文化生活，同时也将中华文化传承落到实处。

（四）安全课程敬畏生命

西丽小学开展了学生安全教育深度体验营活动，全校2 700余名师生全员参与，600多名家长义工模拟体验，与众不同的课程设置与扎实有效的参与方式让孩子们大呼过瘾，也令家长赞叹不已。15个专题课程设置涵盖范围广，从学龄前儿童到成人都可以参与。学生参与体验的是场景，学习的是能力，增强的是意识。深圳电视台《第一现场》主持人董超说："真的要为这样的培训教育点赞，细致贴切，针对性很强。我们反复在讲校园安全，校园周边的交通安全，这些需要大家共同来维护，但我们往往容易忽视其中的主体，就是我们的孩子。他们安全意识的提升才是至关重要的，就像校长说的'学生只有通过亲身体验，才能真正产生安全意识和安全的行为'。"

（五）电影课程环球旅行

"我们没有办法把学生带到全世界，但是电影课可以把全世界带给学生。"现代技术教育突飞猛进的今天，学校课程日新月异，多种多样。西丽小学将电影课作为学习资源引入课堂，不同主题的电影课从不同角度启发和引导学生，让学生遇见"新"的自己；电影课和学校其他课程形成"交响"课程，例如结合科学课上放映的讲述生命诞生的电影来重构的《生命文化》学材，就形成了独具西丽小学特色的生命文化课程。

三、拓宽家校沟通途径

西丽小学成立家长学堂平台，开展家长学习会、家长进课堂、家长交通义工、家长分餐义工等学校活动；设立家长接待日、家访日等交流育人思想；与社区、派出所、大学城、高职院校共同建立学生社团，开展走进社区等活动。

（一）以开放包容的姿态接待家长来访

学校每学期定期开展家长学习会、素质教育开放周等活动，采用家长预约制，要求家长与任课教师一对一面谈，学校管理层的各级领导、班主任、学科教师等不同主体担任接待负责人，就学校管理、学生教育等不同话题，应家长的需求，有针对性地与家长探讨，树立起平等的家校合作观念，创建新型家校关系。

（二）以教学相长的胸怀探讨育人妙招

西丽小学长期致力于培育"五有"西小好少年，教师与学生家长建立了密切的联系，优化了师生关系，建立了和谐氛围。教师在与家长沟通的过程中，可以相互转换"教"与"辅"的关系，对于特殊的教育实例，家长可通过家委会讨论或者以与班主任、任课教师探讨的方式，进行更好的探索。此外，学校也定期邀请教育专家到校开办教育研讨沙龙，为家长答疑解惑，推进家庭教育。

（三）以深入实际的行动开展全员家访

西丽小学制定了系统的家访制度，要求教师全员参与和学生全员覆盖。首先，启动了"校长专访"行动，校级领导每年定点家访；其次，开展了任课教师家访行动，根据不同学生学习及成长特点，任课教师分成不同小组，走进社区，深入学生家庭。学校要求教师每学期对所教学生至少开展 1 次家访活动，通过及时的沟通和交流，有针对性地解决孩子在成长中遇到的困惑问题。全员家访行动，让家长们感受到了学校对家庭教育工作的重视，也有效触发了学生成长的内在动力，带动了家长的教育热情。

（四）以广纳贤才的方式开设家长讲堂

传统家长会、举办讲座等集中式的指导已经不能满足当下家长们对家庭教育的迫切需求，为此，学校启动了"家长讲堂"系列活动，邀请具有优秀教育经验的家长分享家庭教育经验，对家庭教育中出现的问题进行讨论，传播优秀的家庭教育理念，同时定期表彰优秀家长，以点带面，充分调动家长的积极性。家长学校也采取文献学习、专家讲座、参观访问、听课、评课、参与活动、参与教改、好书分享等丰富多彩的活动实现同步教育。

苏霍姆林斯基曾经说过："只有学校教育，而无家庭教育，或只有家庭教育，而无学校教育，都不能完成培养人这一极其细致、复杂的任务。"西丽小学在家校联盟合作育人的工作中大胆探索、积极创新，使广大家长在意识上重视，在理念上更新，在手段上丰富，使家校联盟工作常态化、常规化，形成教育合力。

互联网时代，大数据背景下，教育变革势在必行。西丽小学在家校联盟合作育人的工作中将进一步探索新模式、新途径、新方法、新思路，通过家校携手共育桃李，通过联盟合作同品花香。

"双减"之下的家庭教育走向

程悦坤

作业、睡眠、手机、读物、体质，事关千万中小学生的每一天。一头连着家长，一头连着学校；一头事关青少年健康成长的当下，一头连着青少年的未来。2021 年 1 月至 4 月，教育部先后印发五个专门通知对"五项管理"（即加强中小学生作业、睡眠、手机、读物和体质管理）作出规定。2021 年 7 月 24 日，中共中央办公厅、国务院办公厅《关于进一步减轻义务教育阶段学生作业负担和校外培训负担的意见》（简称"双减"政策）出台，"五项管理"是"双减"工作的一项具体抓手。10 月 23 日，《中华人民共和国家庭教育促进法》也经十三届全国人大常委会审议通过，于 2022 年 1 月 1 日起实施。

从上述文件及通知可以看出，青少年的健康成长及家庭教育已引起国家与社会的广泛关注。以下就三个思考及一个期望与大家聊聊"双减"背景下的家庭教育走向。

思考 1："双减"政策实行后家长都持什么样的态度？

（1）撒花欢呼型——感叹孩子终于可以摆脱课外班的席卷，家长也不用再在孩子的学习上砸那么多真金白银。

（2）焦虑加倍型——纠结课外培训机构不让上，孩子想补课找不到地方，提高学习成绩更难了。

（3）冷眼观望型——上有政策下有对策，培训班可以暂时不上，但学校的课后服务一定要参加，至少先享受一下政府的福利，等过一段时间看看实际情况再做新的打算。

不管您做哪种选择，但只要您是负责任，有智慧的家长，不管外界有哪些风吹草动，有哪些政策变化，您都不会忽略对孩子的家庭教育。

思考2："双减"政策实行后您是否尽到家长的责任和义务？

针对"五项管理"和"双减"政策，学校也进行了一系列积极而有意义的探索，力求通过建立制度，拟订方案，实施落实，反馈微调等方式为学生的在校学习提供保障，确保在严格执行国家层面政策的基础上探索具有学校特色的可行性方案。

（1）学校严格执行小学生不早于8:20上课的规定，家长能否做到让学生21:20前就寝，从而保证他们每天睡眠达到10小时？

（2）学校切实保障学生每天校内运动时间不少于1小时，家长能否做到陪同孩子每天在校外进行1小时的体育锻炼，从而达到增强体质的目的？

（3）孩子把手机带进学校，学校会统一管理，保证学生在校园内不受电子产品的干扰。放学后，家长能否做到和学校步调一致，管好手机、平板、电脑等设备呢？

（4）课外读物进入校园有严格的审批程序及审核机制，您如何为孩子选择课外读物，您家里的藏书量有多少？

（5）"双减"文件规定学生在学校课后服务时间内完成作业，但是不是所有的学生都能完成作业？参加课后服务是不是孩子每天放学后的第一选择呢？

关于时间的计算：8:20—12:00，14:30—17:50，学生在校的时间大概是7小时，如果参加午托午休，学生在校时间为9.5小时，除去睡眠10小时，学生在家里（与父母相伴）的时间每天最多为7小时，最少为4.5小时。

24（全天）－10（睡眠）－7小时＝7小时（大部分学生）

24（全天）－10（睡眠）－9.5小时＝4.5小时（少部分学生）

关于作业的问题：自古以来，任何教育手段都没有办法规定所有学生能够同步完成相同的作业。多元智能理论的研究表明，学校和家庭在发展学生各方面智能的同时，必须面对一个事实，每一个学生只会在某一或两方面的能力特别突出，而无法面面俱到。所以有些学生在学校无法完成所有作业也是正常的！如果孩子回到家中什么作业都没有，又谈何知识的消化吸收、温故知新呢？所以，校内完成书面作业并不等于完全没有"家庭作业"。

思考3："双减"政策实行后如何成为智慧型家长？

（1）有没有感觉"双减"后，您比以前更忙了？因为要腾出时间陪伴孩子！

（2）有没有感觉"双减"后，您比以前更难了？因为要想方设法培养孩子！

"双减"前，您盼望被解放，"双减"后您渴望被解救！"双减"之后您要做培养"德智体美劳"五育并举的孩子的"大家长"！

"德智体美劳全面发展"不是逼迫每个孩子成为超人，"全能型选手"从来没有出现在人类史上，爱因斯坦也只会拉小提琴，不会弹钢琴，他是物理学家，不是化学家。

当下和未来的教育，是希望更多普通孩子发现自己的天赋所在，因材施教地帮助他们成为"自己"，既能抓住事业的起点，也能实现个人的幸福。

以下将从德智体美劳五个方面解读如何实现五育并举。

（1）家风传承融于细节育美德。家庭成员间的和谐、和睦一定会培养出仁义、仁爱的孩子；不爱阅读的父母很难培养出喜欢读书的孩子；您的言行就是孩子成长的透视镜，您的今天就是孩子的明天！

（2）能力培养源于学习启睿智。"双减"政策将进一步推动学校教育和家庭教育回归各自的角色，把学科教育回归学校教育的主阵地，减轻家庭经济、精神的负担。"双减"减的是"量"，提的是"质"，家长们要用积极理性的思考方式陪伴孩子放下过重的学业负担，让孩子有更多的时间自主学习、自由读书、自在运动，帮助他们学会学习、学会生活，从而追求幸福生活。

（3）健康身心基于锻炼见行动。"欲文明其精神，先自野蛮其体魄"是毛泽东在《体育之研究》的论文里提出来的观点，到现在一点都不过时。良好的身体素质是人幸福生活的前提，运动产生多巴胺、血清素和正肾上腺素，这三种神经传导物质都和学习有关，可以促进记忆力和专注力的提高，对身心和谐发展产生一定的影响。群体性运动项目（篮球、足球）可以让孩子学会合作、交流、竞争，个体性运动项目（游泳、跑步）可以给孩子突破自我的机会，实现"闯关打怪兽"攀登高峰带来的快乐。

（4）高雅情操精于艺术至善美。艺术是人类看待世界的第三只眼，艺术应成为教育的基础。不重视德育，损害的是一代人的道德水准；不重视智育，损害的是一代人的认知水平；不重视体育，损害的是一代人的身体健康；而不重视艺术教育，损害的则是一代人的心灵世界，损害的是一个民族的精神、想象力和创造力。艺术教育，能够让日常生活变得诗意，让教育变得柔软，让家庭成员感受到生命的存在。孩子们一旦学会了用艺术的眼睛去看待世界，也就会自然而然地用这只眼睛省察日常生活、反观自我成长，从而在心灵上发现自我，在精神上获得丰盈，在生命上感受意义，在人生中活得从容。

（5）意志磨炼惯于劳动铸精神。苏霍姆林斯基说："我们是紧密联系德育、智育、美育来看待劳动教育的。"劳动能力对应的是人的生存之道。人只有先解决生存，才会生活，进而会幸福地生活。通过有汗水、有老茧、有疲乏的劳动，学生亲身体会到依靠自己双手的劳动提供自己的吃穿是人生最重要的事情之一，学生在劳动中表现自己，显露和发挥自己的才能，也可以产生自尊、自信和上进心。劳动可以增智，可以健体，可以育美，劳动是通用版的"治愈系"良药。

期望：教育是什么？教育就是为了让孩子成为一个幸福的普通人。

任何工作都有边界，有边界才会有成长，家校之间需要合作，更需要边界。为了守好自己的边界，培养幸福的普通人，我建议家庭教育"双减"之下有四增：①增加亲情关系的可见度；②增加伙伴关系的灵敏度；③增加日常生活的体验度；④增加艺术修养的加速度。

您是家长，我是教师！您给予孩子生命，我们带领孩子在生命的长河中描绘美好人生；您培养孩子的好品格、好习惯，我们站稳讲台，孜孜不倦担好教书育人的神圣使命……

在民主与平等的环境中开展教育

——澳大利亚教育考察印象之一

张　勇

澳大利亚是个移民国家，多元文化是其典型特征。而正是这种多元文化，使这个国家较之他国具有更多的宽容性和开放性。因而，"民主"与"平等"不但具体地写在了澳大利亚的法律条文上，更渗透进了国民的思想意识当中，体现在国民的日常社会活动中，成为国民自觉约束自我行为的基本原则。作为青少年思想教育的重要园地，澳大利亚的学校精心创设"民主"与"平等"的教育环境，通过灵活有效的方式培养学生良好的社会道德和行为习惯。2004 年 3 月，澳大利亚新南威尔士州教育培训部颁发了一个关于学校思想教育的指导性文件，叫做《新南威尔士州公立学校价值观教育》（*Values Education in NSW Public Schools*），提出了学校教育中必须落实的 9 项核心价值观，分别是：真诚、卓越、尊重、责任、合作、参与、关爱、公正、民主。其中，对"尊重""公正"和"民主"的描述分别是："在澳大利亚的社会环境里，尊重自己与他人的权利与差异，容纳别人持有与自己不同甚至是相反的观点""充分遵守社会公正的准则，反对歧视、欺骗与不公正"和"接受与促进作为一个澳大利亚公民的权利、自由和责任"。1999 年，由澳大利亚各州联合发表的《关于 21 世纪国家学校教育目标的阿德莱德宣言》（*The Adelaide Declaration on National Goals for Schooling in the Twenty-first Century*）中说："学校教育的目标，是促进年轻的澳大利亚人在知识、身体、社会、道德、精神和审美方面得到发展。为此，学校要创造民主的、支持的、和谐的环境，培养学生热爱学习的激情和自尊自爱的品质，让他们对自己的前途充满信心。"学校培养出来的学生必须"具有建立与保持民主平等的生活环境、健康有益的生活方式和灵活运用休闲时间的知识与技巧"，"所有学生必须懂得并接受文化的多样性，尊重别人的差异，知道如何为澳大利亚的多元文化以及国际交流付出自己的努力，同时也知道如何从自己的努力中得到回报"。这些政府颁发的指导性文件，对学校教育中贯彻民主与平等思想提出了明确要求。

澳大利亚的学校，在他们的办学宗旨中，都突出了"民主"与"平等"思想。悉尼皇冠街公立学校（Crown Street Public School）的办学宗旨是"……在积极、安全的学习环境中，为学生提供公平、优秀的基础教育。这种教育，能够适应每一个来自不同文化背景和经济背景学生"。悉尼圣约瑟夫天主教小学（St Joseph's Catholic Primary School）的办学宗旨是"……我校将成为一个拥有共同哲学理念的、兼容并蓄的园地。在这里，学生、家长和教师之间有一种良好的关系，都会感受到安全与满足、幸福与慈爱"。悉尼艾什费尔德男子高中（Ashfield Boys High School）的办学宗旨是："创设一个充满关怀与友爱、纪律严明、没有冲突的学习环境，每一个男孩都有机会学习如何平等对待同学、如何很好地解决冲突以及如何做到自尊自爱。"

我曾有幸作为访问学者在澳大利亚考察一年，对当地学校"民主"与"平等"的教育思想和实践有着较深刻的体会与认识。以下就从三个方面来谈谈澳大利亚学校在这方面的做法、经验以及对我们的启发。

（1）建立民主与平等的师生关系。

走进学校，走近师生，我们能明显感受到洋溢在校园里的人人平等的气氛。首先，这里的师生关系是民主的、平等的。一个很典型的例子是教师经常跪着给学生讲课和谈话。我问他们为什么要这样，他们回答：这样我们就和学生平等了。还反问我：这有什么奇怪吗？的确，这里的老师不会在学生面前表现得高高在上，而是以平等的姿态，以朋友的身份和学生交流。澳大利亚的学校班级规模都不大，一般是25人。由于人少，教室里学生活动的空间较大，讲台和课桌的摆放经常会根据上课的需要而调整。上课时，教师经常和学生围在一起，有时跪着，有时坐着。那情景，看上去不像上课，倒像朋友在一起玩耍、聊天。另外，在称呼上，也充分体现了师生平等。学生都是直呼教师的名字，在稍微正式一点的场合，则在名字前加上"先生""小姐""女士"等。一次我去一所小学访问，该小学校长麦克带我去一些班级观摩学生上课。当我和麦克走进教室时，学生们都高声叫："你好，麦克！"麦克将我介绍给学生后，他们又高声和我打招呼："你好，张！"坐在前排的一个学生还主动站起来和我握手，那情景真像老朋友见面。后来我就称呼问题和麦克校长聊了起来。他说："我们校长、教师和学生互相称呼名字，就体现我们之间是互相平等的，是朋友。只有这样，学生才会信任你，而得到学生的信任是我们开展教育的基础。"这句话对我触动很大。过去，我们想的是如何在学生面前建立权威，树立威信。至于"信任"二字，的确是考虑不多。在听课的过程中，我发现教师用得最多的是"很好""非常好""棒极了"等激励性语言。有时教师发现学生有错误，就会用"我认为……""你觉得呢……"等话语来提醒，而很少说"你应该"之类的词语。学生发表意见时，教师会侧着耳朵认真听，而且不断用语言和眼神鼓励学生继续说下去。有个教师还把学生的问题记在本子上，并说："你提了一个非常好的问题，但我现在回答不了你。请允许我回去查阅资料后，明天给你答案。"我教了20年书，从来没见过哪位教师（包括我自己）是这样对待学生提出的问题的。学生的书面作业一般不多，主要由学生独立完成。学生如果不愿做某些作业，只要能跟教师讲清理由，一般都能得到教师的许可。我跟一些教师谈话的时候，针对学生拒绝作业的问题，提出了自己不一样的看法。但他们坚持自己的意见，允许学生不做作业，理由是"我们不能剥夺任何人选择的权利"。

中国学校的师生关系，和澳大利亚相比还是有很大区别的。我们讲究"师道尊严"和"尊师敬长"，讲究学生服从教师，这是中国的传统文化，有其长处。但如果"师道尊严"和"尊师敬长"强调得太过分，学生完全被剥夺了发言权，显然对学生的健康成长是不利的。如果教师总是扮演发号施令的角色，高高在上，尽管能够树立教师短期的威信，却会损害学生长期的自信。如果校园里没有民主与平等的气氛，学生没有自信，成才又从何谈起？澳大利亚的经验，值得我们学习。我们要在保持传统文化特色的基础上，建立民主与平等的师生关系，创设民主与平等的校园文化环境，培养有自信、有创意的人才。当然，更值得我们学习的是他们的教育方式。俗话说，教育要言传身教。在澳大利亚人看来，"身教"显然比"言传"要重要得多，有实效得多。他们将自己的言行举止作为一本"活教材"，让学生从教师的言行中得到感悟。我看，我们目前对青少年的思想道德教育之所以缺乏实效，很大程度上与我们重"言传"而轻"身教"有关。

（2）建立民主与平等的同学关系。

同学之间要平等相待，和睦相处，互相关怀，互相帮助，反对歧视与欺凌，妥善解决矛盾，这是学校教育的一项重要内容。几乎每所学校，在他们的校规中，都特别突出这方面的纪律。伯伍德女子高中（Burwood Girls High School）学生纪律中，有这样的条文："学校的每一个学生都必须认识到，尽管她自己享有作为一个个体的特殊权利，但她同时也是学校社区中的一员，要平等地对待其他同学的权利"，"在我们澳大利亚这个社会里，要像尊重自己一样尊重其他同学的权利、信仰和生活习惯"。

他们通过设置相关课程的教学来引导学生懂得民主与平等的重要性，并让学生学会如何与同学平等相处。澳大利亚中小学与此有关的课程有"公民教育"（Civics and Citizenship）"人类社会与环境"（Human Society and Environment）等，教学内容包括"创造和平环境""与同伴平等相处""我的权利与别人的权利""解决冲突"等。通过这些课程，学生从小就懂得：每一个人，不论年龄、性别、种族、语言、信仰和政治经济地位如何，都是平等的，都享有同样的权利与义务。在澳大利亚，任何歧视的思想和行为都是对他人的侵犯，都是不可接受的。为了巩固和落实"公民教育"课程的教学成果，澳大利亚于 2004 年举行了全国性的"公民教育"教学成果抽样测评。该测评由联邦教育、就业、培训与青年事务部主持，在全国学校的六年级和十年级（相当于我国的高中一年级）学生中开展，主要是根据《关于21 世纪国家学校教育目标的阿德莱德宣言》的要求检查"公民教育"的具体落实情况，进而研究下一步的教育方法。针对"公民教育"这一学科开展如此大规模的测评活动，可见澳大利亚政府对青少年思想教育的重视。

通过考察，我发现他们的公民教育、民主与平等思想教育，更多的是渗透到学校教育活动的方方面面，特别是通过各种课外活动来开展。他们发动学生，引导他们自我教育，自我管理。例如恩菲尔公立小学（Enfield Public Shool）开展了一个"学校即社区"项目（"School as Community" Project）的活动。该项活动的宗旨是"让学生自己创造一个安宁、和谐、民主的社区。在这个社区里，每个学生都自我控制、自我负责，都有一种坚定的信念——我能在创造和谐社会的工作中做得和别人不一样"。这项活动的核心是"同伴调解"（peer mediation）和"解决冲突"（conflict resolution）。他们对全体六年级学生进行培训，教给他们调解纠纷和解决问题的办法。然后，每周从这些学生中选派一些志愿者，协助全校学生解决问题。一旦发现有欺负同学的现象，他们就介入进行调解，同时报告"学生委员会"或者老师和校长，予以妥善解决。另外，该小学还开展了"好朋友班级"（Buddy Classes）活动，即每一个高年级班级都要找一个低年级班级作为"好朋友班级"，帮助他们学习，和他们一起活动，协调他们之间的冲突。

其实，类似"同伴调解"这样的让学生自己管理自己、自己解决问题的方法在这里的学校已经非常普遍，越来越成为学校行之有效的管理手段。我就这方面问题专门访问了悉尼的爱立逊公立学校，因为该校开展了一项"同伴创造和平"（Peer Makes Peace）活动。学校的校长助理罗丝·麦金娜说："让学生自己选择方法去解决他们自己的事，这确实是一个很好的主意。我觉得有些事情完全可以放手让孩子们去做，老师没有必要事事过问。这对高年级的孩子来说，也是一个绝好的锻炼领导才能的途径。"她还告诉我，自从"同伴创造和平"活动开展以来，学生间的纠纷80%都是由他们自己解决的，而且效果非常好。另外，为了给学生提供锻炼的机会，学校还要求教师故意留一些难题让学生自己解决，让他们在实践中学会与同学和平相处。这些活动还得到了政府的大力支持。我认识的克里·威廉斯是彭瑞教育区的一位行政教师（Executive Teacher，大概相当于我们的教研员），她负责培训11所小学和3所中学的学生调解员（Mediator）。她颇有感触地对我说："看到孩子们这么积极认真，我高兴极了，他们仿佛一下子长大了许多。"

在学校里，特别是中学，欺凌行为，"小恶霸"现象，还时有发生。男子学校如此，女子学校亦是如此。学校非常重视这一问题，因为澳大利亚这样一个提倡民主与平等的社会，是不能容忍任何侵犯他人权利的行为的。不少学校开展了"反欺凌行动"，以解决学生中比较严重的欺凌行为。在圣约瑟夫天主教小学，我看到一份《反欺凌行动计划》。这个计划中有一句话让我印象很深："上帝爱每一个孩子，给每一个孩子同样的权利，如果欺负你的伙伴，就违背了上帝的旨意。"虽然充满浓郁的宗教色彩，但其道理却再鲜明不过：人人平等，人权是神圣不可侵犯的！计划包含优化教室、优化活动场所和优化人际关系三个部分。每个计划包括十门课程，分别由讨论、角色表演、游戏、手拉手活动等组成，并结合"个人发展、健康与生理教育"课程进行。处理欺凌行为的程序则是：①在学校简报和集会上通报；②告诉学生和家长对任何欺凌行为保持沉默是不明智的；③如果家长发现自己的孩子被欺凌，应该告诉教师；④任何情况报告后都会得到及时处理；⑤在一般情况下会将学生召集起来用佩克斯提出的分忧法解决欺凌问题；⑥某些欺凌行为也许会采取比较特殊的社会方式解决；⑦进行忠告；⑧欺凌事件解决后会跟踪观察。

纽因顿学院（Newington College）是一所从学前班到高中的一贯制学校，他们的校训中有一条是"共同支持，爱自己，也爱他人"（Mutual Support and Care for One Another），体现了学校对创造民主平等教育环境的高度重视。学校制定了非常详细的"反欺凌制度"。首先，学校对教师提出严格要求，要求教职员互相尊重，和平相处，在学生面前起表率作用。要求教师在所任教课程中寻找教材，利用一切机会对学生进行教育。要求教师注意观察学生，发现问题及时处理。其次，明确了对欺凌行为的处理程序。较轻的问题由班干部、学生代表或教师处理，较严重的问题由校长处理并通知家长。如果学生的欺凌行为没有停止且愈演愈烈，则会对该学生实行停课甚至开除的处罚。情节特别严重的，将交警察局处理。

（3）充分保证学生拥有民主的权利与平等的机会。

新南威尔士州的中小学都有"学生代表委员会"（Student Representative Council）。这是一个由学校组织成立、由学生自己管理的组织，它的主要任务是代表学生参与学校事务、及时向学校反映学生的需求、组织一些课外活动、协调解决学生之间的纠纷等。"学生代表委员会"成员来自各个年级，由学生自己推选。这是一个非常有效的组织，在学校管理方面起到了重要作用。学校的很多事情，都必须有学生代表委员会成员参与。在中学，学校的最高决策机构"学校管理委员会"里就有学生代表。在一些小学，还会选一两个学生做正副"船长"（Captain），其角色相当于校长助理，在学校分量还是很重的。可以说，这些做法充分体现了以学生为本的民主管理精神，充分发挥了学生的才能，调动了学生的学习与管理积极性。同时，还为学生锻炼自己的社会活动能力和领导能力提供了一个理想的舞台。在澳大利亚，学校教育很重视培养学生的领导才能，不少杰出的领导人，就是因为在学校学习时期，得到了这方面的培养。在我国，一些中学也有"学生会"之类的组织，它们也能够起到有效地锻炼学生组织管理能力的作用。未来可以进一步强化这一类学生组织的作用。

理性之瞳

青少年的利益高于一切

——澳大利亚教育考察印象之二

张　勇

　　澳大利亚从国家发展的高度来看待青少年健康成长的重要意义。他们不仅在法律上严格保护青少年，还在全社会范围关心、爱护青少年，为青少年创造了安全、健康、和谐的成长环境。澳大利亚将关怀与保护青少年看作国家的首要任务，看作民族生存、国家发展的根本工程，认为是每个公民义不容辞的责任。同时，他们认为，只有切实关怀与保护青少年的健康成长，让青少年感到安全，感受到社会的关怀，才能使青少年树立积极的人生态度，才能形成符合社会需要的价值观，才能做一个良好的公民。从这个意义上来说，关怀与保护青少年是澳大利亚对青少年进行思想教育的第一步。

（一）法律关怀与保护

　　澳大利亚有很多专门针对未成年人保护的法律，最主要的有《关心与保护未成年人法》《未成年人保护与社区服务法修正案》和《禁止雇用未成年人法》，另外还有与未成年人关系密切的《刑法》和《隐私与个人信息保护法》等。这些法律法规，对社会保护未成年人的责任和义务进行了严格细致的规定，很全面，操作性也很强。不过，引起我注意的其实并不在法律法规的数量多少和条文如何，而是在执法的层面上。澳大利亚执法是雷厉风行，不留情面的，而且违法犯罪行为只要涉及未成年人，处罚都将是最严厉的。澳大利亚是个开放的社会，酗酒抽烟很普遍，赌博业和色情业也有合法地位，但这些东西是严格禁止向未成年人开放的。一旦发现有人向未成年人出售烟酒，或是赌博、色情场所接纳未成年人，面对的将是无情的惩罚。我曾问一些酒吧老板，是否在没人注意的时候可以卖点酒给中学生，他们的头一个个摇得像拨浪鼓：决不会，否则要破产！我还曾经在一家小商店看到几个中学生在偷偷翻阅成人书刊，店主发现后急忙跑来劝阻他们。有个学生说愿出三倍价钱买一本，店主和气而又坚决地拒绝了。后来我与店主谈起此事，他说：如果我将成人书刊卖给他们，我不但要破产，还要坐牢！

在澳大利亚如果发现有家长打孩子的现象，这个家长无疑会面临法律起诉，有时还会被剥夺对孩子的监护权。在他们的观念里，孩子自从生下来就是个独立的人，享有法律意义上的全部权利。父母有义务抚养、教育孩子，但没有权利伤害、侵犯孩子（包括心理伤害和身体伤害）。我在和一些家长谈话的时候经常会听到他们说的一句话是：孩子不属于家长，而是属于他（她）自己。在这种文化环境中，父母打、骂孩子是不能接受的，是非常严重的犯罪行为。《关心与保护未成年人法》等规定，一旦发现孩子在家里受到持续伤害，政府将暂时剥夺家长的监护权，并委派专人照看孩子，家长则要受到相应的处罚。在澳大利亚，将未成年孩子（尤其是低龄儿童）单独关在家里无人照看，也是违法的。家长们不论自己多忙，都不能影响照看孩子。我在澳大利亚期间，从电视上看到一则墨尔本发生火灾的新闻，在火灾中丧生的是两个年龄只有五六岁的孩子，而他们的父母正好外出了。这件事在社会上引起的震动很大，使人们更加清醒地认识到，单独将未成年孩子关在家里无人照看是多么危险。当然，有时人们肯定会遇到为难事。比如，当教师罢工、学校不上课的时候，照看滞留在家的孩子就成了一个大难题。于是，有的家长请假在家看孩子，有的则由社区将孩子集中看管。不过，在这种时候，政府也不轻松。它既不能阻挠教师罢工，又不能不管大量没课上的学生。于是政府也会想一些办法，如雇用一些人帮助学生或家长。总而言之，不论遇到什么情况，保护未成年人的权益是压倒一切的任务。这既是澳大利亚的法律精神，也是全社会的共识。

（二）学校关怀与保护

对于澳大利亚的学校来说，充分满足学生身体和心理发展的需要，确保学生不受任何伤害，是一项重要的工作。新南威尔士州教育与培训部颁发的《学生事务管理条例》明确规定：政府学校"要尽一切努力创造安全、关怀的学校环境，充分满足学生个人的、社会的和学习的需求，使学生在学习知识的同时得到健康成长"，"学生的安全、健康与利益必须置于学校各项政策与工作的优先考虑地位"，"学校要为学生提供机会，使他们能够享受学习、成功与被赏识的快乐，为学校生活作出一定的贡献"。学校的校长必须"承担保护学生的责任，将符合学生利益作为开展一切活动的标准"。

能典型体现对学生的保护、值得我们认真学习的一点是，在澳大利亚的学校里，凡是从事接触学生工作的人，不论长期还是短期，不论是男是女，都要经过非常严格的审查。新南威尔士州还专门颁布了《从事与儿童有关工作的审查规定》。这些法律法规明确规定，学校在雇用员工（包括教师和教学辅助人员）和允许外来人员进入学校之前，以及在这些员工和外来人员工作和活动的过程中，必须对他们进行严格的审查和监督。至于有过犯罪记录（尤其是性犯罪记录）的人，是绝对不允许从事接触学生的工作，也不允许进入校园的。新南威尔士州教育与培训部专门设立了"就业审查委员会"，负责对申请到学校就业和到学校开展比较重要活动的人员进行审查。审查后形成一份书面报告，将申请者按"危险程度"定为三个等级。如果"危险程度"被评定为"高"或"中等"，则拒绝其申请。只有被评为"低"的，其申请才会获得批准。对于申请到学校进行短暂访问的人员，一般由校长审查就可以。在澳大利亚，要想访问学校是不容易的，我去每一所学校，都需要出示介绍信和有关身份证明，还要填写一份"从事涉及学生活动的限制声明",表明自己不是属于被限制者（prohibited person）——有过犯罪记录或不良性活动记录的人。同时，我被反复提醒不要触摸学生（尤其是女生）、不要单独与学生谈话时间过长、不要对学生进行正面拍照等。所以，我在学校的访问既是愉快的，也是紧张的。唯恐万一不留神惹出麻烦，影响可就大了。

另一个值得我们关注的是他们建立了一套学生伤害报告体系。《关心与保护未成年人法》第23条明确列出了一些学生受到伤害或伤害威胁并需要报告的情形。一旦发现上述情况，教师要立即向校长报告，校长则根据不同情况分别填写相应的《学生受伤害或受伤害威胁情况报告表》，通过电子邮件发送至州社区服务部，由社区服务部派人处理。原则上，校长或学校其他领导成员是无权自行处理这些问题的。如果教师或校长发现问题而不上报，将要承担相应的法律责任。州社区服务部或警察局的人如果要找当事学生谈话了解情况的，也要非常小心。首先，如果当事学生不愿意谈话调查，谁也无权强迫他（或她）；其次，如果当事学生在谈话过程中需要有人陪伴，必须满足其要求，并由他（或她）亲自委托人来陪伴（但陪伴者必须是成年人）。

有一种特殊的"伤害"也是他们非常关注的，那就是"忽视"（neglect）。在有关法律条文里，"忽视"被界定为"基本的生理和情感需要得不到满足"。我在学校访问期间，他们与我谈得较多的一个词就是"忽视"，因为这种情况在学校比较多见。相对于暴力与身体伤害来说，"忽视"不容易被发现，但它对学生所造成的伤害并不亚于前者，有时还更严重。我访问一所女子高中时，和校长谈起学生中的欺凌与伤害现象。校长说，女子学校同样存在"小恶霸"等欺凌现象，而且有时比男子学校还厉害。我当时疑惑不解，经过校长解释，我才明白，原来女生之间的欺凌现象主要以"忽视""孤立"为主。她们往往纠集一伙人孤立某个或几个人，将其排斥在同学活动之外。而被排斥的学生往往又是性格比较内向的，心里的苦恼不愿与老师和父母说。时间一久，这种心理上的伤害会对她今后的人生造成很严重的影响。这位女子学校的校长笑着对我说：还是男孩容易对付，一拳就解决问题了。所以，这里的学校都将"忽视"作为一个很严肃的问题，采取了很多方法予以发现和解决。

澳大利亚学校还有一项我们国家没有的学生保护措施，那就是"避开阳光行动"。由于特殊的地理位置，澳大利亚阳光中的紫外线很强烈，导致澳大利亚成为世界上皮肤癌发病率最高的国家之一。据最近几年的统计，澳大利亚每年大约有 16 万人患皮肤癌，其中约 1 200 人死亡。因此所有中小学及幼儿园都规定，学生上学或举行校外活动，一律要穿校服，戴校帽，以防止日晒。而且学生的校服一般都是选择偏暗沉的颜色，又长又厚。他们的帽子都有宽边，有些小学生的帽子还有下垂的部分，以遮挡更多的阳光。学校对穿戴校服要求很严，如果学生没有按规定穿戴上学，则一定通知家长送来。因为天天穿这么笨重的校服确实不好受，学校也就想出一些办法鼓励学生穿。有一所小学，将所有学生的名字都写在一顶帽子里。每个星期，学校广播就会念一位学生的名字，如果被念到名字的学生戴了帽子，就会得到学校颁发的一份奖品。另外，每所学校都搭有凉棚供学生开展户外活动，一些学校还在学生教室里备有防晒油，供师生使用。

（三）社会关怀与保护

在澳大利亚访问的日子里，给我最强烈的感受就是：保护、关怀未成年人，不光是法律赋予公民的强制性义务，也是全社会的共识，是每一个成年人，每一个社会成员的自觉行为。如果发生伤害未成年人的事，在场的每一个人都会自觉地采取行动予以保护与帮助。一位小学校长给我讲了一件发生在他学校里的事。有一次，学校组织学生外出活动。在路上，有两个学生打闹追逐。由于担心路上车多出危险，一位教师稍用力拉了一下追逐的学生，此情景恰好被一位路人见到。这位路人以为教师对学生动粗，就打电话报警。不到几分钟，警车呼啸而来，随之而来的还有记者。这下着实吓坏了那位教师和校长，赶紧一个劲地解释。还好，最后没造成太大影响，但给了学校教师一个深刻的教训：学生再怎么调皮，老师千万注意不要随便碰他们。如果不是听这位校长亲口说，我这个来自中国的教育工作者很难相信这是真的。

还有一件事情，也给我留下了深刻的印象：一位当地的朋友告诉我，他昨天被警察拦下罚钱又扣分。原来，澳大利亚的交通规则中有一条，就是乘车带婴幼儿时，必须用一种专门的婴儿座椅将孩子固定在座位上，而不能由大人抱着或是让孩子自己单独坐着。这位朋友因为当时有急事临时借用别人的车，但车上没有婴儿座椅。他的妻子只好抱着小孩坐在后面，并小心躲避着警察，但还是被眼尖的警察看到了。像这种大人怀抱小孩的乘车情况，在我国也是明确禁止的。

澳大利亚对未成年人的社区服务做得很好。可以说，社区里的每个人，每个部门都在为未成年人的健康成长尽心尽力。离我住所不远处有一座图书馆，有一段时间，我发现不少学生集中在一间阅览室学习，而且工作人员不时提醒其他读者不要进去打搅他们。因为这正是上学时间，我不明白学生为什么在这里看书而不去上学。后来图书馆的工作人员告诉我：现在是高中会考的时间，这些学生的学习成绩不是很好，图书馆特地开辟地方给他们复习，还有专人对他们进行义务辅导。和我国一样，澳大利亚的许多文化设施对未成年人是优惠甚至免费的。

澳大利亚高度重视对未成年人的保护与关怀工作，其中有很多经验值得我们学习。一个人良好的品质，既不是与生俱来的，也不是强行灌输的，而是在社会生活中潜移默化形成的。首先，社会对他们的保护与关怀使他们感到安宁与温馨，使他们感到人生充满了美好，充满了希望，也看到了自身的价值，无形中，他们也就形成了热爱生活的情怀和创造生活的愿望。更重要的是，他们会对社会充满信任和爱心，他们会像别人保护、关怀自己一样地去保护、关怀他人，会尽自己的努力将生活打扮得更加美好，更加可爱。有了这一切作为基础，良好道德品质和正确人生观、价值观的形成也就水到渠成了。反思我们自己，我们现行的德育模式，还要再多一些人文关怀。把受教育者的权利与利益放在第一位，尤其要把人的生命安全放在至高无上的地位。更重要的，我们要较多地从教育的角度出发来理解未成年人保护的意义，将"保护"与"教育"有机地融为一体，使"教育"在"保护"中进行，这样青少年思想教育工作自然就会更富成效。